大是文化

商務人士必修用餐學

日式、西式、中式飯局的不失禮眉角，
這些事等坐在對面的人明說，
學費很貴。

おとなの清潔感をつくる 教養としての食べ方

有「Mrs. Elegance」之稱的禮儀大師
講座學員超過一萬名以上
松井千惠美 —— 著
黃怡菁 —— 譯

CONTENTS

推薦序一

用餐模樣，決定他人是否與你交流往來

中華民國秘書協會理事長、伊莉莎白國際禮儀協會創會理事長／周純如

一翻開本書，看到作者寫的這段話，馬上觸動了我的心弦：「人類的三大欲望——食慾、性慾、睡眠，也代表人類基本的本能。而這三種欲望當中，會時常展現在他人面前的就屬用餐模樣。換句話說，你的用餐模樣，會在不自覺中徹底表露出你的內在，宣示著你是一個什麼樣的人。」

學習禮儀的最終目的是，一個人以其高雅的儀表風度、完善的語言藝術、良好的個人形象，展示自己的氣質修養、贏得他人尊重，使自己推升至更高的層級，並且透過不斷充實自我素養，完美結合外在美與內在美，成為一個更有魅力的人。進而顯示

一個民族進步的標誌，也是一個公民思想道德文化素質的標誌。

在生活中，人們常常把禮儀看作是一個民族精神面貌和凝聚力的體現，把文明禮貌程度作為衡量一個國家和民族是否發達的標誌之一；對個人而言，則是衡量道德水準和有無教養的尺度。

從交際的角度來說，禮儀可以說是人際交往中適用的一種藝術、一種交際方式，是人際交往中約定俗成的示人以尊重、友好的習慣做法；從傳播的角度來看，禮儀可以說是在人際交往中相互溝通的技巧。禮儀是一門學問，有特定的要求，表現在舉止文明、動作優雅、姿態瀟灑、手勢得當、表情自然、儀表端莊等。透過學習、培養和訓練，才能成為人們的行為習慣。

本書作者松井千惠美藉由禮儀背後的歷史意義，來解析其應用及存在價值，讓讀者對於其行之多年之行禮儀式、禮節及儀式、風俗規定的儀式、行為規範、交往程序、禮賓次序、道德規範等，融入更加廣泛的含意，從案例中帶入生活的實踐，輕鬆易讀，解讀清晰，並且將其情境畫面呈現於文字中，讓該內容閱讀影像歷歷在目，很容易進入情景當中，解析容易，不須記憶或文字背誦，非常實用。

書中細膩闡述和食至洋食再到中國料理之用餐禮儀，並且拆分成八大步驟一一細述：餐具使用、餐桌禮儀、餐食用法、用餐中途休息、用餐結束、餐敘話題、飲酒禮儀、茶敘點心，讓讀者能從本書精闢學習。

遵從禮儀規範，可以有效展現一個人的教養、風度與魅力，更好的體現一個人對他人和社會的認知水平及尊重程度，從而使個人的學識、修養和價值得到社會的認可和尊重。

推薦序二

領導者、頂尖業務，都會請人教怎麼吃飯

Perfect Image 陳麗卿形象管理學院創辦人／陳麗卿

「你會吃飯嗎？」如果拿這個問題去問任何一個成年人，可能都會讓對方啞然失笑，畢竟，吃飯這麼一件小事，誰不會呢？然而，正是這麼一件簡單的小事，足以讓**許多身經百戰的領導者、頂尖業務或是專業人士，在面臨重大餐宴場合時**心生猶疑，因此**特地尋求形象顧問的訓練與協助**，就是希望將自己不甚篤定之處弄清楚，進而讓自己更從容自信、遊刃有餘。

吃飯，從來就不只是「把食物放進口中」那麼簡單。有句話說「學會吃穿，三代為官」，而餐桌，就是能讓一個人的背景、教養與文化表露無遺的試煉場。這也是為

什麼許多企業在遴選高階人才時，面試經常不是在會議室，而是在非正式的餐宴中進行。畢竟，應徵高階職位者不乏江湖老手，許多人已經深諳面試之道，然而在**正式面試中容易隱藏的特質，到了餐桌上就能一窺端倪**。小至一個人的吃相，大至他如何安排座位、創造話題、引導氣氛，是否能讓一場餐宴不只是吃飯，還讓事情水到渠成、氣氛融洽圓滿，在在都能看出其歷練，甚至連個性與人品都無所遁形。

然而，一想到用餐禮儀，大家總是會直覺的認為是由大量繁文縟節堆疊而成，因而興趣缺缺；況且，在國際交流並不發達的古代，西方人只要學西餐用餐禮儀，而東方人只要學東方用餐禮儀；而到了全球化的現代，每個人所需要學的用餐禮儀就不只是侷限於本國，更得涵蓋各種異國飲食文化，巨大的資訊量實在不是忙碌的現代人所能負荷。

對此，本書提出了很實際的解方：面對包羅萬象的禮儀細節，不需要逼自己硬背或死記，只要「知其然且知其所以然」，以歷史文化的角度實際去理解這些禮儀的由來背景，就能自然而然的做出適當的反應。作者更融會其所長，由大家最常接觸到的三種飲食文化切入：日本料理、西方料理與中華料理，分別就三種飲食文化中的禮儀，從背景到實務做了全方位的解說。

吃相，看似事小，卻能以小窺大。為自己養成優雅的用餐禮儀，並非矯揉造作，而是對自己、對同桌人士、對餐桌上的餐點，以及對該飲食文化的尊重與理解。

本書不僅是一本用餐禮儀的教科書，更是能帶領你以開放、愉悅的心情，認識各國飲食文化的好夥伴。祝福朋友們，讓此書成為你領略用餐禮儀的助力，並因為對禮儀的了然於心，進而能在餐桌上，更從容、更自在，綻放最怡然自得、如沐春風的自己！

前言
用餐學，很重要但現在沒人教

食慾、性慾、睡眠，這三者稱之為「人類三大欲望」，幾乎代表人類的本能，也是最真實的自我。

依循這三種欲望所產生的行為之中，會時常展現在他人面前的，就屬用餐模樣。換句話說，你的用餐模樣，會在不自覺中表露出你的內在，顯示出你是一個什麼樣的人。

吃相優雅又乾淨的人，旁人會覺得他肯定出身於家教良好的家庭，讓旁人忍不住著迷，想多看他幾眼，也會讓人不由自主的覺得，他就是一個可以信任的人。

「在簽約前夕的重要餐會上，竟然因為吃相太難看導致破局」、「在相親時看到對方用餐的樣子，讓我覺得他就是我的命定伴侶」，諸如此類的奇聞軼事，經常發生在餐桌上。

當我們看見一個人的吃相，心裡會很自然的產生對對方的好惡，甚至還會在心中進一步評頭論足。用餐模樣會在不自覺中**表露出你的內在**。

從一個人吃飯的模樣，我們幾乎可以推論出這個人的知識、教養、家教等許多訊息。這樣一想，就突然覺得我們也太不注意自己的吃相了吧？不過，很少有人會在吃飯時，還拿著鏡子仔細看自己怎麼吃吧？再加上，與人相處時，我們也很少會去指責別人；即便看著讓人感覺不太舒服，但很少有人能直說：「你的吃相很糟糕，我勸你改一改比較好。」

本書想要傳達的不只是用餐禮儀，更多著墨在如何**透過優雅且乾淨的用餐方式**，來加強自己的內涵、**提升自己的信用與形象**。

從餐桌禮儀、日常禮儀到商業禮儀，甚至是國際場合上的國際禮儀，我堅信「不僅是培養禮儀，更是培養優雅與自信的素養」之理念，至今已經有超過一萬名以上的人士，參加過我的課程講座。

我想大多數人聽到「禮儀」這個名詞時，聯想到的幾乎都是死板、嚴格、很難遵守等印象吧，但我所教授的禮儀不是只重視形式，更注重能否自然融入你的生活，成為你的內涵。

所有的禮儀都其來有自，「這麼做的原因是什麼？」、「基於什麼樣的理由而要求他人必須這麼遵守？」這些都是我會仔細傳授給學員的重點內容。

了解禮儀背後的歷史與背景由來等脈絡，讓這些禮儀知識成為你內在涵養的一部分。只要你明白了禮儀的真正核心訴求與演變，那麼不論遇到什麼樣的狀況，相信你都能從容應對。

人們透過各種學習，想要充實自己的素養、想要成為一個有教養的人，其實最終目的，都是為了讓自己的人生，可以往更高的層級邁進，而這也正是人們學習禮儀的真正意義。

重視禮儀，成為自身素養

讓我來分享一下，至今我是如何鑽研禮儀之道，又是因為什麼，才造就了我對禮儀有如此深刻的體會與研究。

我從小就投入學習日本箏，至今資歷已超過四十五年；目前我也擔任日本箏流派「生田麗華流」的掌門，指導門下眾多弟子。我的母親及妹妹也是日本舞蹈流派「花柳流」的一員，她們都擁有「名取」資格（譯註：代表獲得流派認可、允許以流派藝名進行表演及指導的資格稱號）。在這樣的環境下，可以說我從小就生活在日本傳統技藝之中，這些傳統文化就是我日常生活的一部分。

然而當我逐漸長大成人，我發現國內越來越少人願意學習日本箏，甚至絲毫不感興趣，這給了我相當大的衝擊。也因此，我開始認真思考，自己應該要採取行動，想辦法守護日本箏這項日本傳統文化。

後來，我注意到國際上有越來越多外國人士，對日本文化感興趣，甚至願意深入了解及學習，我認為這是一個很好的契機！讓外國人士開始接觸日本箏，這肯定對推廣日本箏文化有所助益。於是我下定決心，致力於將日本箏介紹給海外的達官貴人，希望透過他們的力量，將日本箏發揚光大。也因為自己定下了這樣的目標，讓我不只重新研究日本文化，同時也開始學習西方文化與禮儀。

我在二十多歲時，透過一流名校及名師的教育，對於日本、歐洲雙方的文化背景，以及禮儀規範，都有了深刻的學習與認知。

之後，我以日本箏講師的身分從事相關活動時，也經常有機會獲邀參加由大使館主辦的餐會、派對、晚宴等公開活動，並在活動中展露琴藝。

在這樣的場合，我擁有非常多的機會，可以與世界各國的大使及名流人士交流，讓我不只能實際運用年少時所學的禮儀，還親身體會到外國禮儀文化之精髓，這些都成為我素養的一部分。

窮究日本箏這項傳統技藝，進而放眼國際，並學習全世界通用的「知性與美姿美儀」，這是當年的我所預想不到的事。

我的指導中，特別著重於讓吃相變得知性且優雅。

我最重視的，是必須讓各位學習、了解禮儀背後的緣由與歷史，並透過親身體驗，自然而然的將這些禮儀用身體記下來。

我會如此強調，原因在於唯有讓知識與經驗產生連結，真正融會貫通後，我們才會由內而外去改變外在行為。餐桌上所呈現的一切美好事物，不論是擺飾、餐具、料理等，皆是文化的累積與結晶，如此也才能展現真正的優雅與美麗。

同時我也深信，若是明白了餐桌禮儀的背景由來，抑或是粗淺的了解相關歷史，肯定能更快掌握要點，自然而然就可以很快學會。

吃相好壞竟能左右生意結果

我所指導過的人士中，不乏有經營者、老闆、高階主管、醫師、頂尖業務等，多是與商業生意相關的商務人士。這也說明了，越是有身分地位的人，越清楚用餐姿態所造成的影響有多大。

「我出席中國當地廠商招待的飯局，看到桌上一字排開非常澎湃又豪華的料理，可是卻沒有任何人伸手夾菜。當時我非常訝異且一頭霧水，後來得知原因後，我臉色都青了。」、「派駐歐洲時，當地的合作廠商邀請我參加餐會，原本我打算好好展現自己的餐桌禮儀，所以將使用過的餐巾折疊起來擺放整齊。回去以後才知道，那竟然成了生意談破的關鍵！」諸如此類讓我聽了冷汗直流的故事，多到不勝枚舉。

與人品或能力無關，單純就因為不懂餐桌禮儀，而錯失了大好機會，這世上還有比這更遺憾的事情嗎？

透過本書，不只可以了解正確的餐桌禮儀，同時也能理解禮儀背後的文化與由來，讓你在各種正式餐會上，都能從容優雅的享用美食。東方與西方的餐桌禮儀各有奧妙，也不乏有大相逕庭之處。本書採取深入淺出的方式，具體說明與介紹東西方的餐桌禮儀及文化。

序
章

日料、西餐與中餐的用餐學

透過接觸各國的餐桌禮儀，認識各種不同的歷史與文化，這些將成為我們的素養。

日料、西餐、中餐的用餐學

日料

重點是尊敬與感恩生命。

◎從父權社會中衍生出的禮儀。

◎重視季節感。

◎用餐順序左上右下。

◎細膩的用筷方式。

◎不剩下是禮貌。

中餐

重點在於款待與炫富。

◎客人可以明說自己的食量與酒量。

◎不停乾杯，代表熱情款待。

◎不要只顧自己吃，邊吃邊聊是標配。

◎客氣反而失禮。

日式、中式共同點

◎都會用筷子。

西式、中式共同點

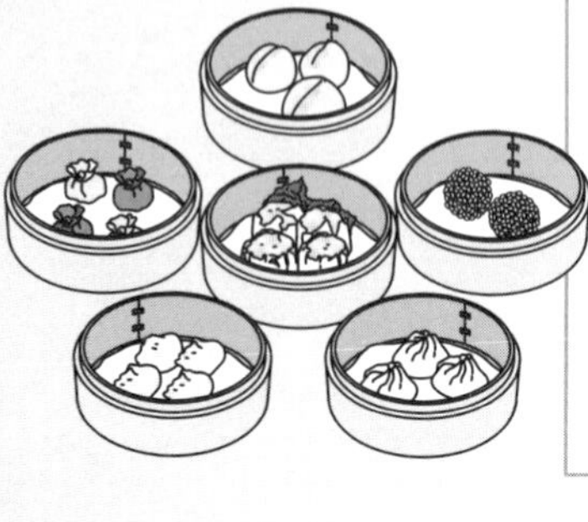

日式、西式、中式共同點

◎姿態端正。

◎正確使用餐巾。

◎愛惜使用餐具器皿。

◎一口吃下，乾淨俐落。

◎貫徹母國禮儀是上策。

西餐

重點是社交。

◎女士優先。

◎故意不吃完是美德。

◎從使用玻璃杯的方式，看出一個人的家教。

◎刀叉尖端不可以對著人。

◎不可要求同桌女性倒酒。

日式、西式共同點

◎用餐順序由左至右。

日式、西式、中式共同點

◎吃麵時不發出吸麵聲。

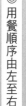

透過接觸各國的餐桌禮儀，能認識各種不同的歷史與文化；當我們越了解文化的本質，就更能掌握相關知識，融會貫通後，這些就會成為我們素養的一部分，同時也讓自己具備了良好教養。

那麼，我們就先來認識和食的文化背景吧。

父權社會下衍生出的餐桌原則

日本非常重視禮節與儀式，他們用餐時必須**保持安靜**，**並且將「食物全部吃完、不要剩下」視為最重要的美德**。這方面就和歐洲形成了一個對比，歐洲的餐會目的，主要是社交和蒐集情報，可說是相當有意思。

現今社會提倡的是：「與家人用餐時也別忘了聊天交流，讓吃飯變成快樂的事」，但是傳統的日本餐桌上，又是什麼樣的風景呢？了解正統和食的用餐模式及背景緣由，未來當你出席正式場合時，你合宜的舉止，肯定能讓你在別人眼中留下好印象。

關於和食的正確用餐方式，歷史文獻中有記載。

明治時代（按：一八六八年～一九一二年）小學生的課本《修身》（相當於現今的生活倫理課、公民道德課）裡面，就有以讓兒童也能看懂的方式來闡述：「不要邊吃飯邊說話，應該要懷抱慎重且感恩的心，有規矩的好好吃飯。」這是當時餐桌禮儀的主要原則。

或許你會覺得，「以前的人對於生活習慣的要求也太嚴格了吧？」不過，當時的日本仍然是尊崇家父長制的傳統社會，而這些要求及規矩，都是基於此所衍生而來，這樣一想，是不是就覺得比較好理解了。

古時日本的家父長制是指戶長，也就是一家之主（男性）擁有掌管、支配整個家族的權力，這套社會制度在日本執行了很長的一段時間。這套制度不只對法律產生重大影響，對人民的家庭生活方式所造成的影響更是根深柢固。

舉例來說，**切得最大塊的魚肉，必須讓身為戶長的父親享用**，家裡的所有一切都必須以父親為優先，換句話說，舊時代的日本社會，比起享受餐食，更重視遵守規矩，就算是和家人用餐，也必須吃得莊重。

與此同時，社會也強調要教育孩子不要浪費食材、感恩生命，也就是養成把食物吃完的習慣，這也讓當時的和食餐桌氣氛變得更加嚴肅。

當然，這些都已經是過去式。日本的家父長制已於一九四七年明文廢止，現代的日本餐桌充滿明朗又快樂的氛圍。

另一方面，不要浪費食材、感恩生命，日本人講究不浪費的精神，是不是也隨著時代式微了？我認為這種對於萬物食材的生命，也懷抱著感恩之心來品嘗的不浪費精神，是非常值得自豪的日本傳統之一，更期望它能變成世界共通的概念。

用筷方式，看出你的家教

吃相展現的是一個人的教養與內涵。

要記得舉止合宜、乾淨清潔、美觀且優雅的用餐，因為同桌人其實都在看著你的一舉一動。但這並不是要求你一定要有一百分的吃相。倘若你只是死記那有如教條般的餐桌禮儀，以為只要背起來就不會出糗，但那其實是緣木求魚。

你只記得禮儀的形式，卻不了解背後的原因，就算背起來了也很快就會忘記。「為什麼這道菜要這樣吃？」背後都有其緣由，唯有真正明白文化與歷史背景、融會貫通並身體力行後，它才會真正變成你所擁有的智慧。而累積了越多智慧，一個人的教養也將隨之豐富。

在享用和食時，如何使用筷子是一個超級關鍵。你是否具備良好的素養及品味，從你怎麼用筷就能窺知。正因為筷子人人都會用，所以用得好或不好，大家一看便知。筷子簡直就是把原本無形的教養，變成肉眼可視的具體表現。

市面上有非常多幼兒專用的學習筷，說到拿筷子，大家應該知道怎樣拿才正確；但是在拿著筷子之前，你知道該如何「拿起」嗎？另外，當餐桌上擺著碗、筷，究竟要先拿起碗，還是先拿起筷？

筷子是我們非常親近的物品，它的歷史悠久且深奧，用筷禮儀更是大大反映了日本的傳統文化。因此能用得美觀又優雅的人，也會建立起美麗又優雅的形象。

「從用筷方式，就能看出你的家教」，這句非常一針見血，幾乎刺痛著每個人的心。我們無法選擇自己出生的家庭，但我們可以學習正確又美觀的用筷禮儀，用更有品味且優雅的方式用餐，後天的努力，正是培育教養的重要關鍵。

從料理中品嘗四季

日本國土狹長如細弓，四季分明且擁有非常豐富的自然資源。日本的和食文化，與季節感、節氣時令，可說是密不可分。

日本人非常重視歲時節令，認為節慶祭祀等活動，就像日常生活中不可或缺的標點符號；透過與家人或鄉親一起歡聚用餐，在感謝大自然恩惠的同時，也加深了彼此的情感羈絆。這種崇敬大自然的和食精神，在二〇一三年時獲得聯合國教科文組織（UNESCO）的認可，將日本和食列為世界無形文化資產之一。

和食在備餐方面皆以「新鮮、當季、應景」為原則，尤其使用當季食材，更是和食精神的核心。**正統的和食料理套餐，對於食材有以下三項時令原則**：第一批收成、最早上市的食材是初物；正值當季盛產的食材為旬物；而接近產季尾聲的食材則稱惜別，這是出自希望明年還能再吃到的期盼，懷抱著對食材的感謝與珍惜之情。

最早上市的食材被稱作初物，最容易受到大眾矚目，又能賣出高價。事實上，初物、旬物、惜別，這三者各有特色及優點，不分高下。另外，當季盛產的時鮮，也未必就是最美味、最好吃。**同一種食材，其味道、口感，在初次收成、盛產季、產季末端，都會有不一樣的變化**。而細細品味個中奧妙，正是享用和食的核心重點。

以鰹魚為例，春季至初夏捕獲的鰹魚是「初鰹」，此時的鰹魚脂肪較少、魚肉的美味濃縮緊緻，最適合做成「鰹魚半敲燒」（按：用稻草把鰹魚的表面烤至三分熟後切片食用）。而秋季鰹魚洄游，稱作「回鰹」，此時的鰹魚富有脂肪，做成生魚片享用再美味不過。秋刀魚也是一樣。夏天的秋刀魚由於脂肪較少，很適合做成生魚片；秋天的秋刀魚就富含油脂，最適合以燒烤方式來享受。

青菜蔬果也有時令變化。通常初次收成時期的蔬菜，還處在年輕細胞大量分裂的狀態，因此大都口感軟嫩多汁。有些蔬菜可以在初次收成期直接生吃，而進入盛產期之後，則需要加熱煮熟後再好好享用。從第一道開胃菜來欣賞廚師所用的食材，並思考食材屬於哪個階段，也是一種樂趣。

當季食材較容易取得，也具有豐富的營養價值，因此配合四季時令，才能吃到當季的營養。據說，日本人從江戶時代起就非常重視「當季時令」的概念，家家戶戶的日常飲食，也都會依循季節來準備；當季（旬）可說是深植日本人的家庭，對日本人來說，也是一個生活中非常熟悉的名詞。

性格浮華、擁有獨特美學意識的江戶人們，特別偏愛初物，幾乎到了人人願意砸錢搶購的程度。他們對初物的瘋狂熱愛，堪稱是當時的奇景。「吃了初物可以延長七十五天的壽命」，這句俗諺就是源自於當時這股特殊風氣，而在各種初物中，初鰹更是最受到江戶人的追捧。

由於「鰹魚」與「勝男」的日文發音相同（KAZUO），因此上至貴族武士、下至平民百姓，都把初鰹視為頂級美味、擁有吉兆的好運食材，甚至坊間還流傳，吃了初鰹，壽命可以多七百五十天，也就是一般初物的十倍！導致初鰹的價格被哄抬至驚人的高價。這些趣聞流傳至今，仍相當有意思。

在日式料亭或壽司店，菜單內容會針對當季食材而設計，且裝飾用的花草樹葉，就連料理擺盤、器皿、餐具等，也都會配合季節來搭配，讓人享用美味料理的同時，充分感受到當季之美。

和食重視四季時令，並會在各個環節體現季節之美；不只吃下當季的美味，同時也讓身心靈都沉浸在應景的季節中，這正是日本和食文化的精髓。

壽司一開始是平民小吃

壽司這道料理，自古以來就深受日本人喜愛，也是人稱「江戶美食四大天王」之一，現今更是足以代表日本的象徵性美食。

說到**江戶美食四大天王**，分別指的是：**壽司**、**天婦羅**、**蕎麥麵**、**鰻魚**。日本人從非常久以前，就已經開始吃這四大天王，可說是歷史悠久。而一直到了江戶時期，這四項美食分別演變成常見的料理形式走入民間，最後成為江戶四大美食，受到廣大民眾的歡迎，後來成為日本路邊攤販售的食物之一。強調快速料理、快速上菜，讓客人方便迅速就能開吃，當時的路邊攤料理，相當於現代的速食、小吃。

讀到這裡，你是否感到很意外？原來壽司跟天婦羅，當初都是庶民小吃。當時的壽司店、天婦羅店，大都是像半開放式小木屋般的路邊攤，老闆會將江戶前的漁獲

（按：指東京灣捕獲的新鮮漁獲），用俐落的手法料理，並提供給客人品嘗。

當時江戶地區的居民，單身男性占多數（當中也不少是因為調職而被派駐來此的武士），再加上江戶城鎮都是木造建築，導致火災頻傳，故當時並不盛行在屋內生火煮食，且江戶人大都是急性子，綜合上述各項因素，在室外就能方便快速享用的江戶美食四大天王，獲得了超高人氣。

在這樣的時空背景之下，壽司店與強調用餐時必須安靜且守規矩的料亭不同，定位當然也大相逕庭。

若要將壽司店的定位一言以蔽之，那就是發源自江戶時代的「粋」（粋，IKI），壽司店就是一個講究粋精神的地方。

日文的「粋」定義眾說紛紜，沒有一個定論能用來解釋這個詞，也很難用現代詞語來表達其完整涵義。若依我個人的解讀，我會這麼解釋：「**言行舉止灑脫大氣，儀態優雅、落落大方，既不矯情突兀，也不庸俗難耐，能讓旁人感覺舒心且開朗。**」將這套原則放在心上，下次當你走進知名壽司店時，相信你也能與周遭的人共享一段美好時光。

西餐一開始是用手吃

關於西餐餐桌禮儀的起源，有非常多種說法，目前普遍認為應該是起源於十四世紀的法國宮廷料理。

事實上，**直到十六世紀前半，法國人都還是用手吃飯**，即便是宮廷料理也是如此，這似乎與當時的宗教背景有關，「手指是神明賜給人類最優秀的工具」，因此用手吃飯是再正常不過的事。

一五三三年，法國國王亨利二世，與來自義大利富豪家族的凱薩琳（Catherine de' Medici）結婚。凱薩琳從義大利一起帶來的專任廚師，非常驚訝於法國人的用餐方式，而後他將刀叉餐具等的使用方法編輯成冊，寫下了《飲食禮儀的五十條守則》（*Fifty Courtesies for the Table*）這本書。

十七世紀，法國高級宮廷料理的古典派系「高級料理」（haute cuisine）發展成形，據說至今仍被認為是最高級的法國料理。十八世紀末，因法國大革命，導致宮廷中許多廚師瞬間失業；這些廚師當中有不少人就在坊間開起了餐廳，也因此讓法國料理大量流入民間，庶民們也能吃得到。

這樣看來，原本「蠻荒」的法國飲食文化，是義大利的凱薩琳皇后掀起一股新風潮之後，才漸漸出現了所謂的餐桌禮儀。但是，若我們進一步查閱關於刀叉餐具的歷史，也會發現在法國文化的變遷中，刀叉餐具也有著各式的演變。

凱薩琳皇后來到法國時，正好是原本一度接受使用刀叉，又因宗教因素而回頭使用手指吃飯的時期。對於當時法國上流階級的人而言，這位來自義大利、把法國人當成野蠻人看待的凱薩琳皇后，應該很礙眼。

再說到《飲食禮儀的五十條守則》，乍看書名，感覺就像是現代市面上會有的，以餐桌禮儀為主題的書吧？其實不然。別忘了，歐洲大陸的歷史背景是一場又一場的戰爭。

危機管理進食法

十六世紀之後，以宗教為名的戰事接連不斷；法國宗教戰爭、八十年戰爭、以德國為中心的三十年戰爭……歐洲大陸可以說有很長一段時間，都籠罩在戰火之下。也因為這樣的時代背景，當時的人們比起優雅的品味美食，更重視**用餐時也要小心危險**。例如，西餐禮儀中，「用餐時要將雙手置於桌面」，是為了表示自己身上沒有偷藏武器；「由侍者服務倒酒，且主人率先試飲」，是主人要向客人證明酒裡沒有下毒。所謂的**餐會**，其實是彼此互相試探、蒐集情報的**情報戰戰場**。

另一方面，日本自上古時代，就一直是與大自然共生共存，完全以島國的農耕文化為主體。從各方面來說，和食精神重視溫和柔軟、用心細膩、體貼款待這些心意。說得極端一點，若說和食是「懷抱感謝之心、毫不浪費的享用大自然的恩賜」，那麼西餐的就是「在觀察對方的同時，也展現自我意志」，我是如此定義。

再以打招呼為例，日本人打招呼時，會低下頭並鞠躬。他們認為，比起只用眼睛注視對方，低頭鞠躬、傳達謙遜及感謝之意，才是最該優先採取的行為。

但是，西方人打招呼時，他們並沒有向對方低頭行禮的習慣，因為那樣就像是在告訴對方：「現在就是攻擊我的最好時機。」

西方的問好禮儀是：面帶微笑、輕輕點頭示意，並注視對方的眼睛。畢竟保有危機意識，已經是長久流傳下來的習慣，更別提用餐這種會長時間坐著的活動，生性注重危機意識的西方人當然會更加警戒。

吃剩是一種美德

現代享用西餐，已經不需要特地去試探對方是否藏有武器了。不過，評斷對方的身分地位、推測對方握有多少有用情報等，在現代西餐會場上仍然很常見。

尤其當其中一方評量了另外一方、認定對方是圈內人，換句話說，也就是先確認自己有與對方深交的意願、想和對方有商務往來（交易）的話，接下來就是展現我方誠意的時候了。

當然，沒有人會把「真心」大喇喇的直接表現出來，必須在言談往來中，巧妙且不著痕跡的置入自己內心真正的想法。

前面提到，在觀察對方的同時，也展現自我意志，西方的餐聚場合，本質上就是社交。也可以說，**西式餐會通常都與談事情脫不了關係**。不只需要用心、體貼，更要動腦，因為與會人心中都另有目的。

所以，當你參加了一個西式餐會，若你只會說「好好吃！」、「這是什麼料理啊？」主導權絕對不會落在你手上，你只有被其他人牽著走的份。從餐前酒開始，就會進入交流與社交模式。

既然社交才是用餐的主要目的，那麼安靜不說話，或是跟不上話題之類的表現，反而會讓別人覺得你這個人一點都不有趣、教養不好，甚至給予你低評價。這時，唯有善用話題，將聊天走向引導至自己擅長的領域，製造讓自己發揮的機會，也是非常重要的要點。

另外要注意的是，**全部吃光，跟要求再來一碗／份，都是NG行為**。在西餐會上，全部吃光，代表你是第一次吃到這些好料（或是你已經很久沒有吃這麼好了），會讓人認為你的家境應該不太好（或者你現在很窮），這會讓他人覺得你很窮酸。

歐洲的貴婦們曾經告訴我，不吃完，代表「你的經濟能力很好」、「你平常就已經吃得很好、習慣吃好料了」，所以吃剩，反而是身分地位的象徵。據說黛安娜王妃（Princess Diana）每次用餐幾乎沒什麼吃，絕大部分都會剩下來。

西餐的觀念，與強調謙遜、謙讓精神的和食恰恰相反。實際上，東方與西方、和食與洋食在餐桌禮儀，以及其他文化方面，都有許多不同之處。我認為應該要深入去了解、站在對方的立場來思考比較好。

不論如何，女士優先

不侷限於用餐的場合，現代仍有諸多西方國家尊崇女士優先（Lady First），在日常生活各方面都實踐的很自然。這個概念，源自於中世紀興起的「騎士精神」。日本也有「武士道精神」，但是日本武士道之中卻沒有淑女（Lady）的概念。女士優先，不僅只是我們想像中的「要照顧女性」、「要保護女性」，而是更進一步的認為，「做不到『女士優先』的男人都是野蠻人」。對於西方男性而言，女士優先，是身為男人理所當然要做到的事。

實際上，我也從我的學生（擁有海外生活經驗的日本女性）口中，聽到許多關於「現代歐洲的女士優先」的實例。例如，將兒子送至英國小學就讀的日本人媽媽，在家長教學觀摩日那天去了學校。原本在校園中與同學嬉戲的兒子看到媽媽來了，立刻跑到媽媽身邊，很恭敬的向媽媽行了一個禮，然後挽起媽媽的手，像個護衛般帶著媽媽去教室。

歐洲優秀的家族，從小就會向兒子教導女士優先的觀念；而女兒則是從小就會被培育成淑女，並強調言行舉止都必須得體合宜。

能做到女士優先的男性才代表正義，這種說法與其說是為了女性，其實是為了讓男性變得更有榮譽感、更懂得禮儀。

我並不想單純提倡「日本人也該學學西方騎士精神與女士優先」，這樣一句口號實在太狹隘了。我認為，當我們能理解東西方文化的不同，並將這些差異記在腦中，若是哪天突然被邀請參加某西餐場合時，不論你是男性或女性，相信你應該都能判斷自己該如何表現。

就算是不熟悉的環境也能表現出自信與風範，關於這部分的詳細做法，我在後面的章節（第一五三頁）會再繼續說明。

滿桌好菜，是為了誇耀權力

中餐原本源自於宮廷、上流階層之間所發展起來的料理。據說中國古代對於飲食用餐，有非常多繁複的規範，但到了近代已經簡化了不少。以大方向來說，主要就是下列四點：

1. 容器、餐盤不可以直接端起來。
2. 使用筷子或湯匙。
3. 席次很重要。
4. 知道自己的食量。

若說尊崇禮儀規範的武士道代表和食精神，女士優先的騎士道代表西餐精神，那**中餐精神**呢？我會定義為**誇耀權力的手段**。說得更明確一點，就是透過豐盛奢華的餐點款待客人，藉此展示自己的權力及財富；這也正是中國宮廷料理的本質。

我會如此定義，其證據之一就是，越高級的中餐，使用的食材越罕見，魚翅、燕窩、北京烤鴨等，使用這些特殊食材的中餐多到不勝枚舉。另外，堪稱是中國歷史上屈指可數的美食家慈禧太后，她驚人的奢華飲食生活，讓後人無不嘖嘖稱奇。

據說慈禧每餐都要有一百零八道菜，但每道都只吃一、兩口。有一次慈禧搭火車，她吩咐一百名廚師上了她的專屬列車，眾人花了三天三夜精心烹煮豐盛的餐食，但慈禧一如往常，每道菜只嘗了一點，剩下的全部變成廚餘或賞給下人處理。

直到現代，華人富裕階層所舉辦的宴席，仍堅持一定要準備讓客人吃不完的量。這對於自古以來將不剩食視為美德的日本人來說，應該很難理解吧？但這就是中餐的文化。也就是說，若你今天接受華人的招待，不管對方多麼盛情款待，你都可以大膽的將食物剩下來。

客人更該大方表示自己的食量

享用中餐時，不論是「還想再多吃一點」，或是「我已經飽了、吃不下了」，記得務必直接表現出來。

日本人經常會因為客氣，而刻意隱藏自己的真實感受，但在華人圈中，這樣的態度不只無法拉近你與同桌人心的距離，還會顯得你很見外。說得明白一點，就算你是客人，也要大方表示自己的意思。勇敢表達自己的感受與意見，與對方交流、溝通，在這過程中慢慢加深彼此的認識，最好不時互相稱讚，展現自信的一面，讓整個用餐氣氛變得熱絡又愉快。這樣的社交方式，可說是中餐的精髓。

說到其背後的緣由，就與中國的地理條件及民族性大有關係了。

中國是一個標準的大陸國家，一個多元化、多民族的社會，因此宣示自己的主張，及你來我往的溝通，自然就變成在社會生存中很重要的事。與和食講究端正禮儀、一邊感謝生命，一邊安靜用餐的風格截然不同，在華人社會，你需要一邊吃飯，一邊交流。就我自己的經驗，我從來沒有看過高級中餐廳裡的客人，是安靜低調吃自己的飯，但特殊身分的上流階級則有可能另當別論。

客氣不是美德、安靜吃飯就會被別人無視，在中式餐會上，這兩項重點是你應該放在心上的守則。這方面或許跟西方的社交文化，有一點相同處，換句話說，在中餐廳用餐，完全不需要像和食那般小心翼翼、謹慎細膩。

儘管我在前言說過，會透過本書傳授最低限度的餐桌禮儀與知識，但我敢說，即便你完全不知道這些，也不用擔心會被暗自評論「真是不懂禮貌！」、「沒教養！」因為比起遵守規矩、禮儀、拘謹的用餐，華人社會其實更喜歡酒後吐真言。

與桌子維持一個拳頭的距離

透過前面敘述，我們已經對和食、西餐、中餐的文化背景有了初步認識，但在這三項飲食文化中，有一項是全世界都通用的重點，那就是端正的用餐姿勢。

挺起上半身，挺直背部，以端正優美的姿態吃飯。很多人會覺得「這不是很正常嗎？」事實上，有不少人是入座時坐姿很端正，但用餐之後漸漸開始彎腰駝背，或是脖子縮起來、聳肩、背部拱起來等，嚴重的甚至還會呈現有如「狗扒飯」一般難看的姿態。

有些人會一邊吃飯，一邊想著「我一定要好好遵守餐桌禮儀」，導致眼睛只盯著桌上的餐具，沒有好好看著同桌人的臉。過度緊張也會使自己的姿勢變得僵硬又不雅觀。

只顧著遵守禮儀，卻忽略與同桌人共享用餐的樂趣，根本是本末倒置。用餐的姿勢越難看，只會讓自己的涵養及形象扣分，不可不慎。

這裡我要教給大家一個小訣竅，那就是當你**入座時，身體與桌子之間的最佳距離為六至九公分**，差不多是一個拳頭的距離。這樣的距離，大家用餐起來會更舒適與方便；夾菜好夾、食物不會掉落在地上、使用餐具也不會彼此干擾……可說是最能讓人保持美觀姿勢的最安全距離。更重要的是，這樣的距離也能大幅減少最NG的行為出現——用手當盤子。

你可以在入座之後、開動之前，調整與確認距離。當服務生為你拉開椅子，你坐下之後，默默將手握拳比一下，如此就能不著痕跡的為自己調整到最剛好的距離。

可別小看這一個動作，保持一個拳頭的距離，可以有效改善你的用餐姿勢。同時我也建議，要時時提醒自己，別讓自己的姿勢隨著用餐而變得難看。

如何讓人覺得你懂禮？用餐巾

幾乎所有正式餐廳桌上都會擺布製餐巾。不管和食、西餐，或中餐都會使用，且使用方法基本上大同小異。

餐巾是一個可以展現出你是否有教養的配件。若你將店裡準備的餐巾置之不用，改拿出自己的手帕或面紙，會讓別人覺得「你認為這家店的餐巾不衛生，所以你拒絕使用」，儘管你不是這個意思。

「我吃飯都不需要用到餐巾，代表我的吃相很乾淨」，這種想法也是大錯特錯。事實上，越是能**好好使用餐巾**，**才是**美食家眼中**懂吃又懂禮的人**。

餐巾最主要的目的，是擦拭附著在嘴上的油分及髒汙。關於餐巾的正確使用方法，我會在講解西餐的章節中繼續為大家詳細說明。

用餐禮儀與規範，雖然都是以重視對方感受為主要訴求，但良好的舉止，也能為你營造出品味與格調。

例如，你招待朋友來家裡作客，拿出珍藏的高級日式瓷器餐具給朋友使用，此時，他卻很粗魯的對待你珍藏的餐具，想必你一定會非常難過，而你對這位朋友的評價，也難免因此受到影響。

珍惜餐具器皿，切忌粗魯

你會有這些感受，肯定是因為你非常重視這位朋友，才會把自己珍藏的瓷器餐具拿出來招待，結果對方卻沒有接收到你的這份心意，這不只讓人難過，更是感到萬分遺憾呀。

不侷限於料理本身，盛裝的器皿也是主人款待客人的具體展現，可以說是款待之心的結晶。因此，你在使用餐具、器皿時，也應該要懷抱愛惜的心情。若你覺得眼前的器皿非常美麗，大方說出來也會替你加分。

千萬不要忘記珍視餐具器皿的心。如果能將這個觀念時常放在心上，對於接下來我所要進一步說明的禮儀內容，你會更容易產生共鳴且自然的接受。

日本國寶級藝術家暨美食家北大路魯山人曾說：「器皿，是料理的衣服。」珍惜餐具器皿，切忌粗魯損傷。這個觀念絕不僅限於和食，西餐、中餐，甚至是世界各國的料理文化，我相信全都適用。

1
章

和食的教養，不剩下是禮貌

以武士道精神為基礎、父權社會衍生出的用餐禮儀，用餐順序要左上右下，並搭配細膩的用筷方式。

先捧碗，
還是先拿筷？

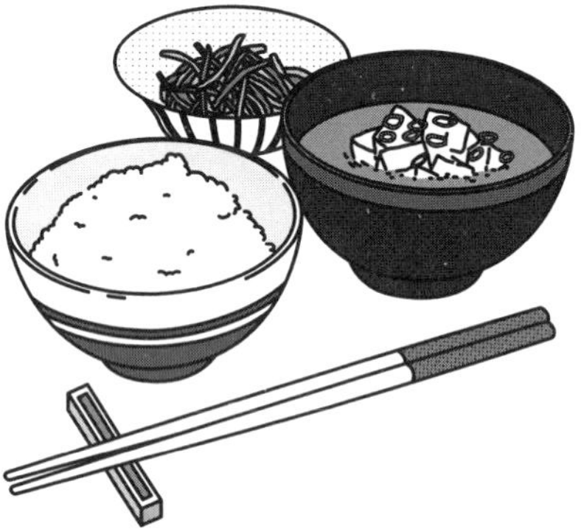

答案

先捧碗。

原則上是左上右下，餐碗優先。

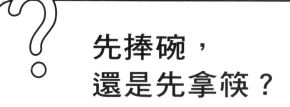

接下來，我將以和、西、中式的套餐為例子，向大家介紹其飲食文化背景及餐桌禮儀。

首先是和食，試著想像一下日本家庭餐桌的樣子。餐桌上放著一碗白飯、一碗湯，還有一副筷子，當你要開始吃飯時，你的第一個動作是先拿起筷子？還是先捧起飯碗？我聽過有些人是同時拿起。

不過，正式和食餐桌禮儀，要記住一個大原則：**不要一次同時做兩個以上的動作**，例如一手捧起碗、一手拿起筷，這種同時拿起，在和食的餐桌禮儀中，是非常失態的行為。

當然，現代人生活步調快，多工處理、多重作業，幾乎已經是現代人必備的生活技能，一邊吃飯一邊滑手機的景象早已見怪不怪。但是我認為，正因為我們處於一個忙碌時代，所以更應該要去理解和食精神的初衷——專注於一項作業。整頓自己的心靈，以專心又優雅的姿態來好好品味，才能享受生命中的美好。

回到前面的問題。到底是要先捧碗，還是先拿筷？答案是先捧碗。不論飯碗或湯碗，都必須先用雙手捧起，再拿起筷子，才是正確方式。這麼做的最大理由，是為了珍惜器皿，小心使用。

和食的餐具多為作工精細、輕薄的陶器、瓷器，因此使用時，很容易一不小心就會造成損傷。抱持謹慎細膩的心情使用餐具，這是向款待你的人（包括餐廳或服務生），展現自己誠意的方式，對方也會因此更加敬重你。

以左為上位，右為下位

珍惜餐具器皿，是和食精神的基本核心，只要將這個概念記在心裡，面對所有衍生的禮儀做法，就都能很快掌握要點。

日本的傳統做法，以左上右下（左邊是上位，右邊是下位）為原則，而在日本文化中，白米被視為最重要的糧食，所以在擺盤時，白飯會放在左手邊，味噌湯會放在右手邊。

當你理解和食精神重視的兩大核心：左上右下及珍惜餐具器皿之後，你就越來越不會不知所云或躊躇。舉例來說，當你看到店家端出附蓋的湯碗時，只要你心中有

「小心使用器皿、切忌粗魯」的概念，你應該就會知道該如何動作。

用右手取下碗蓋，並將碗蓋的內側朝上放在湯碗旁邊；喝完湯後，將碗蓋照原樣蓋回碗上。這麼做既不會損傷器皿，也能讓手的擺動幅度縮到最小，讓你看起來從容又優雅。

用優美的手勢捧碗拿筷

前面提到最正確的捧碗拿筷方式，很多人會反應：「都已經用雙手捧碗了，哪來的第三隻手拿筷子？」在我的講座上，也經常有學員問這個問題，因此我在授課時，會實際演練給大家看。每當我演練完整套動作之後，在場的學員無不發出「哇！」的驚呼聲。

如何先捧碗，又拿筷：

1. 用雙手捧起碗。

捧碗拿筷的正確方式

1. 用雙手捧起碗。

2. 左手繼續捧著碗，右手拿起筷子。

3. 左手手指夾住筷子，右手緩緩移至筷子尾端。

4. 右手翻至筷子下方，並拿住。

2. 左手繼續捧著碗，用右手拿起筷子（橫著拿起）。
3. 左手手指夾住筷子，然後將右手緩緩移至筷子尾端（不夾菜的那端）。
4. 右手翻至筷子下方並拿住，拿穩之後就可以開始夾菜。

要放下筷子的時候，順序就是四到一。左手捧著碗，右手的筷子打橫，用左手手指夾住筷子，右手翻回筷子上方，再將筷子放至筷架上。

這一連串的動作，可說是日式餐桌禮儀的基本行為。只要習慣這套動作，你的姿態看起來就會與過去截然不同，令旁人刮目相看喔。

只有和食是捧著碗吃飯

捧著餐碗吃飯，是日本和食文化。

基本上，你可以想成，手中捧著吃飯、喝湯的容器，就口進食的模樣，用大盤子裝著的菜餚，也會先夾到小碟子裡面，再端起享用。西餐並沒有捧著碗的文化，因此器皿普遍體積大且沉重。和食則相反，器皿大都又小又輕。

別用手當碟子

當我們要將食物送入口中時，你是否會不自覺的將手湊過來當盤子呢？「用手在下方接著，才顯得我吃東西很優雅」，實際上，用手當碟子其實非常不優雅。雖然大家在美食節目中，經常會看到節目中的人做出這個動作。但我要再度強調，日本一直以來的飲食文化，就是用餐時，一定要好好拿著容器。像是碰到體積較大的盤子，或是盛裝菜餚用的菜盤，這種時候，就會為每個人準備小碟子，讓大家把菜餚夾至自己的小碟子中享用。因此，若你用手當碟子，給旁人的印象就會是「你是一個懶散又沒教養的人」。另外，這麼做還有一個最大的風險，就是當食物不小心掉在手上時該怎麼辦？趕快吃掉？還是拿毛巾來擦手？

再重申一次，在和食的宴席上，若眼前端出了手拿不起來的大盤子，或是豐盛的菜盤，此時一定會準備小碟子給你使用。例如，端出天婦羅時，一定會給你醬料碟；

端出生魚片拼盤時，一定會給你醬油碟，而這些小碟子，你都可以拿起來。

體積較大的菜餚，用筷子夾好一口的量；帶有湯水的料理，也要先用筷子濾掉湯水後再夾起來。最重要的是，送入口中時，千萬不要用手，而是使用小碟子。

可以直接撕開筷子的紙封套嗎？

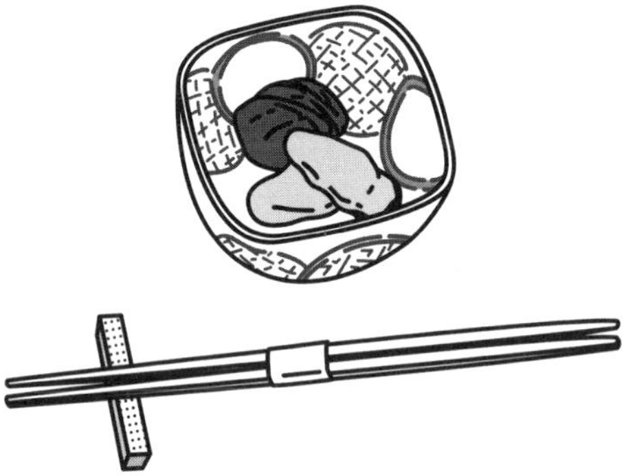

答案

不可以。

撕開就像是在說要與眼前的對象切斷緣分。

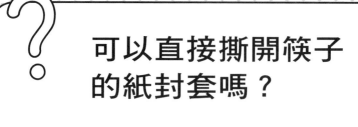

說到和食，就不能不提到筷子。

你知道，吃飯時使用筷子的人口，在全世界占了多少嗎？據說，約有四〇％（三十億人）是用手直接抓取食物；約三〇％（二十三億人）是使用筷子夾取食物；約三〇％（二十三億人）是使用刀叉、湯匙等餐具。

日本人最講究怎麼用筷子

使用筷子的國家，除了日本之外，還有中國、韓國、臺灣、越南等，而中國的筷子與日本的相比之下較長也較粗，這是因為中餐大都盛裝在大菜盤中，為了讓座位距離比較遠的人也能順利夾到菜，所以筷子普遍比較長。

韓國也會使用筷子，但更常使用湯匙。而韓國筷子多為金屬製，據說這是因為戰亂及遷徙的歷史因素，韓國人覺得木製筷子容易損壞，金屬製的才耐用，也比較衛生。還有，以前的皇宮貴族們普遍都喜歡使用銀製餐具，因為銀會對毒物產生反應，在用餐前拿來試毒再適合不過。（當時時常發生暗殺事件，貴族們都會防患未然。）

就像這樣，中國及韓國都發展出屬於自己的筷子文化。不過，從頭到尾只使用筷子吃飯的國家，就只有日本。

其他國家都會輔以其他餐具，例如中國與韓國會同時使用湯匙喝湯。但是，在日本大家都可以直接拿碗就口喝湯，所以喝味噌湯時，就不需要湯匙，直接端起來喝、用筷子撥湯料入口就可以了。

認真想了一下，筷子能執行的動作多到不勝枚舉。捏、夾、傳、切、拌、壓、撥、放、剝、捲……一雙筷子就可以完成這麼多種行為，完全符合日本飲食文化的本質——使用最低限度的道具，完成最大程度的用途，筷子就是這種思想集大成之結晶。

誰最早開始使用筷子？

接下來，我們來聊聊筷子的起源。

人類使用筷子的歷史，可以追溯至數千年之前，到底是誰發明了筷子？又是在哪一個時代誕生？其實一直都沒有定論。各派學者都有各式各樣的研究與論點，本書中，我將以個人最採信的說法為基礎來論述。

全世界最早開始使用筷子的地方是古代中國。在中國河南省的遺跡中，發現了三千年前的青銅製筷子，普遍認為這是全世界最早的筷子歷史文物。而日本又是什麼時候開始使用筷子的呢？答案是彌生時代，也就是卑彌呼女王統治的邪馬臺國時代。當時的筷子是將竹子對折、有如鑷子狀的模樣（其他在《古事記》、《日本書紀》當中也有相關記載）。

日本一直到了飛鳥時代，才出現與現代型態相同的筷子。相傳是政治家小野妹子出任遣隋使，然後將隋朝的筷子傳回了日本。當時，聖德太子也開始用起中國筷子，皇室貴族們也跟進，之後漸漸流傳至民間，最後連庶民們也開始用起筷子。

平安時代，日本全國已經普遍都會利用筷子來用餐，坊間也開始出現製作、販賣筷子的商人。到了鎌倉時代，人們的用筷方式，已經跟現代幾乎沒差多少。

時序進入江戶時代中期，筷子文化日趨成熟，市面上開始出現「漆筷」（在木筷表面塗上漆，用以裝飾、提升品味）。江戶時代後期，免洗竹筷（現代的免洗筷）的原型引裂筷誕生了，且當時的餐飲小吃店都開始運用這種筷子；之後由杉木製成的免洗筷越來越普及，成了主流。

從江戶時代到大正時代，坊間出現了越來越多種免洗筷產品，例如丁六箸（按：取名自當時的流通貨幣）、小判箸（按：將筷尾的角削圓）、元祿箸（按：在拉開的位置削了個洞，方便分開）、利久箸（按：兩邊削成尖端的筷子）、天削箸（按：筷尾頂端削出斜面）等。

最高級的免洗筷——利久箸

現代人認為最高級的免洗筷是哪一種？答案是利久箸。相傳這是日本歷史上知名茶人千利休，在某天準備款待客人的早晨，親自削下杉木、一副一副細心雕刻製成的筷子，這就是利久箸的前身。

利久箸的形狀，跟日本慶祝喜事時的喜慶箸很像，都是兩端削得比較尖細，又稱兩口箸。特地將兩端削得尖細，據說是如此才能聞到杉木的香氣。而利久箸這個名稱，是因為千利休的休，對商人來說是個不太吉利的漢字，為了避諱，於是改成日文發音相同的久，也取其永久的涵義。現代的日式會席料理，幾乎都會提供利久箸給客人使用。

撕破筷子的紙封套，代表斷緣分

一般來說，利久箸的中間都會有一個紙封套，將筷子包起來，大家可千萬不要直接就把紙封套撕破。如何把紙封套拿下來，也是有一套講究的禮儀。

為什麼不可以直接把紙封套撕破呢？因為這代表，你要與眼前的人斷掉所有緣分。想必很多人都不知道，這個動作居然有這層涵義吧？但將它記在心裡，有益無害。

想要不弄破紙封套而取出筷子，需要一點技巧，讓我來說明動作順序吧：

1. 將附有紙封套的筷子用左手橫拿起，（兩根筷子一根在上、一根在下）。

2. 右手捏著上方筷子的右端，往左邊推移幾公分。
3. 下方筷子一樣用右手捏著右端，往左邊推移幾公分。
4. 前述動作多做幾次，就能順利取下紙封套。

為什麼要捏著筷子右端呢？因為筷子左端會接觸到食物，所以手不要碰觸夾取食物的那一端。

有些免洗筷是連在一起，須使用者自行掰開（像超商提供的那種免洗筷），這裡也有一個小祕訣，可以讓你掰開筷子的模樣，看起來比較美觀。

將筷子橫拿，移到桌面之下（膝蓋之上）的位置，右手拿住上方的筷子、左手拿住下方的筷子，以上下的方式將免洗筷掰開。我想有很多人在掰開免洗筷的時候，都是將筷子拿直，往左往右掰開吧？但是這樣很有可能會不小心碰撞到旁邊的其他物品（或人），也會讓別人覺得你很粗魯。

四步驟，取下紙封套

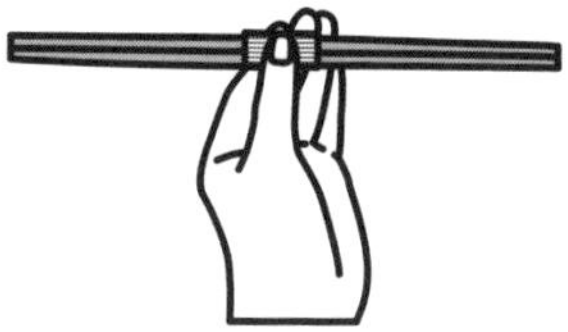

1. 左手橫拿起。

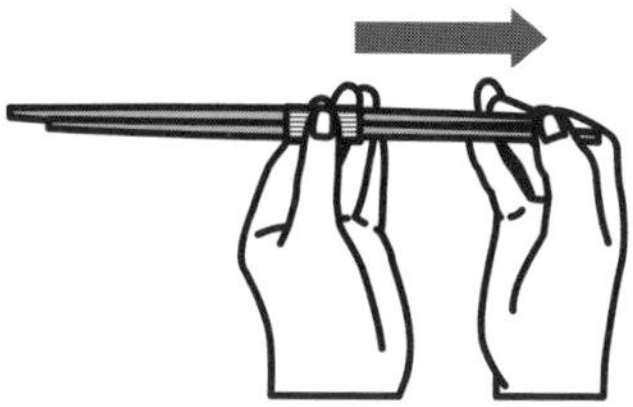

2. 右手捏著上方筷子右端，往左推移。

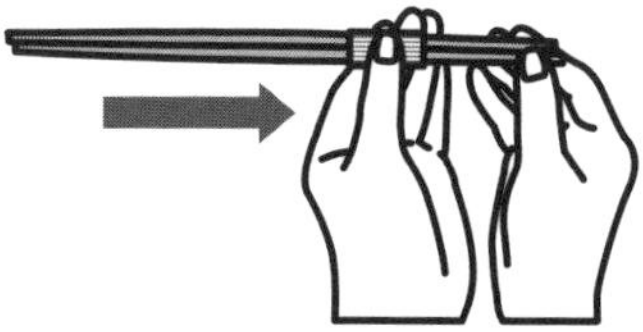

3. 用右手捏著下方筷子右端，往左推移。

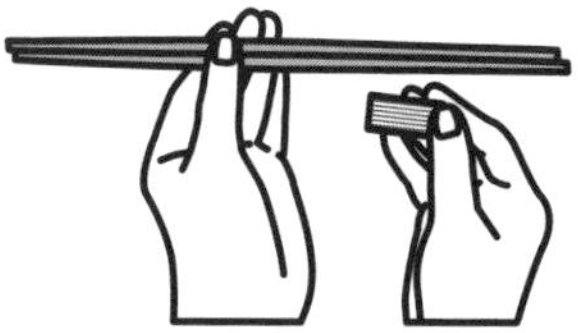

4. 順利取下紙封套。

用筷禮儀三步驟，展現優雅教養

如何才能漂亮的使用筷子？事實上，當你從筷架上拿起筷子的那一刻，就是展現用筷禮儀的時機。

你平常都怎麼拿放置在筷架上的筷子？從筷架上拿起筷子，可以拆解成三步驟，日文稱之為三手，可說是日本和食固有的餐桌禮儀之一。

乍看只是一個動作，卻可以細分成三步驟，這種細膩之處，正是讓你拿筷子更顯優雅的關鍵。或許有些人會覺得很麻煩，但只要習慣了，就會很簡單。

優雅拿筷三步驟：

1. 右手抓住筷子接近中央的部分。
2. 左手在下方支撐著筷子，右手移動至筷子右端約三分之一的位置。
3. 左手不動，右手手掌翻過來，調整為正常拿筷子的手勢。

三步驟，優雅拿筷

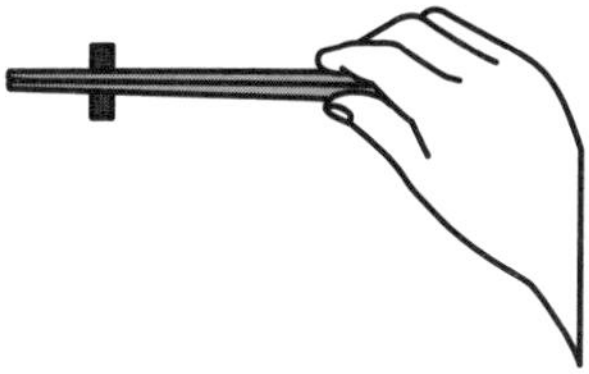

1. 右手抓住筷子近中央部分。

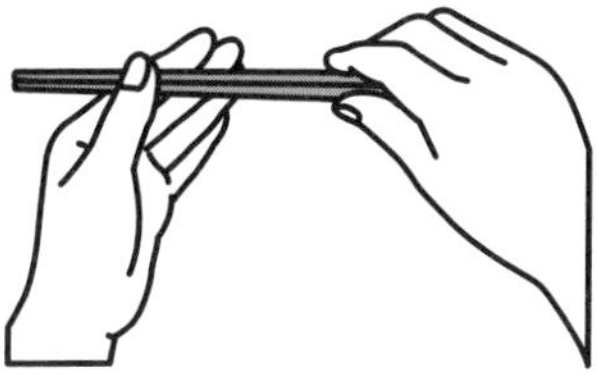

2. 左手在下方支撐筷子，右手移動至筷子右端約三分之一的位置。

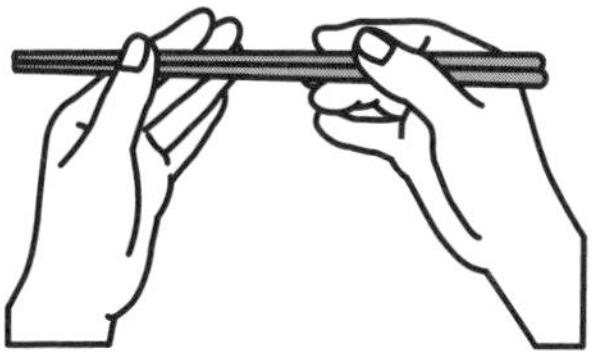

3. 右手手掌翻過來，調整為正常拿筷的手勢。

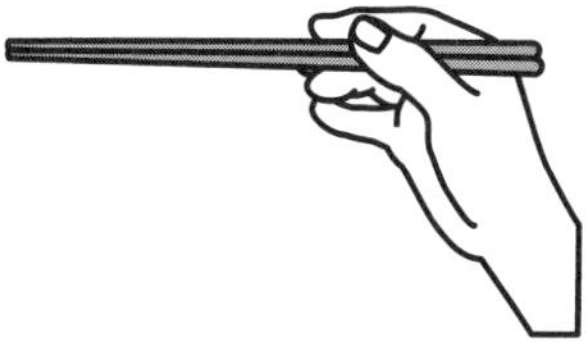

4. 完成。

用筷禁忌，你犯了哪一種

筷子的正確拿法，基本原則是握住距離筷子尖端約三分之二的位置。大拇指、食指、中指像是握住鉛筆般握住上方的筷子；下方的筷子則夾在中指與無名指之間，以中指與無名指固定。要夾東西的時候，用大拇指、食指、中指移動上方的筷子，下方筷子固定不動。

使用筷子時，也有不少禁忌，最好避免。這些禁忌大都與衛生、美觀、保護器皿、菜餚擺盤等方面有關。

使用筷子的十一種禁忌：

- 用筷子夾著食物傳遞給另一雙筷子，這會讓人聯想到撿骨。
- 將筷子放進口中舔舐或吸吮。
- 一邊說話，一邊高舉、揮舞筷子。

- 將筷子用整隻手握住（像在握棒子一般）。
- 用筷子去戳、刺食物。
- 拿著筷子在菜盤之間游移不定。
- 用筷子移動碗盤。
- 左右手各拿著一支筷子、把筷子當成刀叉使用。
- 直接舔掉黏在筷子上的飯粒。
- 用筷子在菜盤中翻攪、挑菜。
- 把自己的筷子顛倒過來，用筷尾伸入菜盤夾菜、分菜。

日本的「懷紙」該怎麼用？

答案

什麼場合都適用！

具代表性的小道具，運用場合非常廣泛！還能為你的行為加分。

在享用和食時，有一個祕密道具，可以大大提升你的優雅度，那就是「懷紙」。顧名思義，原本是指將和紙對折後，收在懷裡的小紙張。

在茶道品茶的茶會上，絕對會用到懷紙，因此凡是學習茶道的人，初期所要購買的相關道具中肯定會有它。懷紙的歷史非常悠久，據說從平安時代流傳至今。

懷紙可以代替手帕、面紙、便條紙等，功能廣泛，方便攜帶更是它最大的優勢。接下來就讓我來為大家介紹。

可以代替手帕或面紙

懷紙可以當成手帕或面紙，不管是擦拭、清潔、遮蓋等，在用餐時，懷紙簡直就是最有力的多功能道具。

- 當筷子或餐具被弄髒時，可以用懷紙擦拭。
- 嘴角或手指頭弄髒時，可以用懷紙清潔。

- 吃烤魚時，不想要手直接觸摸到魚身，可以用懷紙壓著魚身。
- 在咀嚼、啃咬、吐籽或小骨頭時，懷紙可以代替餐巾遮住。
- 吃完烤魚後，桌上的骨頭殘渣就用懷紙包起來，讓桌面保持乾淨。

和食重視將食材吃得乾淨不浪費，同時也希望吃相能讓別人感覺乾淨、優雅，而懷紙就是最符合這種需求的萬能道具。

也可以當成小碟子

懷紙也可以當成小碟子。

先前提過，用手當小碟子是非常不優雅的行為（第五十六頁）。為了避免這種行為，最理想的方式是改用小碟子，萬一當下真的沒有可以使用的小碟子時，務必用懷紙代替。

例如，要將水分較多的菜餚送入口中時，若是湯水滴下來會很惱人吧？此時就是使用懷紙的大好時機。由於懷紙原本就是對折起來的狀態，因此形狀方正又輕巧，拿在手上也不突兀，當成小碟子來使用一點也不奇怪。不如說，看在其他人眼裡，懷紙就像是拋棄式紙盤，因此放心的拿出來使用吧！

茶道中品茶時，會依序傳下盛裝了和菓子的盤子，品茶的人要取自己要吃的部分時，也都是利用懷紙。由此可見，日本人皆將懷紙視為一種容器。

使用過後的懷紙，可以直接放在餐盤邊邊，一般店家的服務生，都會俐落收拾，你不需要在用餐結束後還特地自己收走。但若是吃懷石料理，那麼餐後自己製造的垃圾，就需要自行帶走。

還可以當成備忘錄

懷紙的用途非常廣泛，甚至還能當成便條紙、小包裝紙等。

據說日本平安時代的貴族，突然詩興大發想要創作時，就會把懷紙當成現代的便條紙，快速寫下腦中的靈感。雖然現在的智慧型手機都有備忘錄功能，但是拿出懷紙迅速寫下筆記的模樣，看起來很知性。用來當便條紙的話，寫完之後便能立刻對折起來交給對方。另外，當你要付錢或找零給別人時，若不希望直接暴露現金多寡，也能用懷紙將錢包起來再交出去，既不突兀又能保有隱私。

在生活中將懷紙折成小信封、小包裝袋來使用，除了會讓別人感覺你手很靈巧之外，更重要的是還會覺得你優雅端莊，絕對有益無害。現在要購買懷紙的管道非常多元，網購、大型文具店，或茶道相關產品專賣店都買得到。

懷紙功能多元又方便攜帶。以女性為例，穿著正式和服時，可以將懷紙收在胸口內袋；穿著洋裝時，可以將懷紙放進隨身小包包。「將一項物品的功能發揮在各種用途上」，這種一物多用的精神，可說是日本文化的精髓。

懷紙、包袱巾、帛紗巾，這些物品從以前流傳至今，並徹底融入日本人的文化與生活，「用最少的物品滿足最多的需求」，這個概念與現代的「極簡主義」有著異曲同工之妙。

為什麼前菜經常端出從沒看過的特殊料理？

答案

為了感受季節之美。

季節感是和食料理的核心。初物、旬物、惜別，食材產季三階段更是重要指標。

讓我們正式進入會席料理的流程吧。

第一道端上的就是前菜，日文為「先付」。西餐裡也有前菜（Appetizer），日式居酒屋也有開胃小菜，基本上都是概念相同的東西。

「為什麼要叫做『先付』？」或許有人會提出這樣的疑問。其實，只要想成「後面還有菜要上」就好；後面端出的菜叫做「向付」，因此在此之前先端出的菜，則叫先付。再說得更簡單一點，第二道端上桌的菜是生魚片拼盤，也就是向付，而前菜就像是在跟客人預告，「接下來『向付』要上菜囉」，因此前菜才叫做「先付」。

前菜，展現季節之美

通常，先付多是小分量的小碟料理，種類多元，同時也肩負著傳達季節流轉之美的重責大任。當先付上桌後，請務必細心品嘗。就算肚子再餓，也別狼吞虎嚥；夾取時，盡量不要破壞料理職人用心的擺盤，用眼睛及口舌慢慢的、細膩的享用。

先付是套餐中第一道端上桌的料理，也是料理職人想讓客人一看就有驚喜的料理，進而期待後來的其他道菜色，可說是充分展現職人用心的第一道菜。

前面提過，和食非常重視產季。食材依照產季收穫，可分為三個階段，分別擁有不同的特性。第一批收成、上市的食材稱為初物；正值豐收盛產期的食材稱為旬物；產季即將結束的食材稱為惜別。看到先付端上桌時，先看看精緻的擺盤及食材，思考一下這些食材處於哪個階段，也是一種樂趣。

當看到從未見過的陌生食材時，可以直接詢問店員，通常店員都會非常樂意且仔細的說明。就算不是詢問料理長或料理師傅也沒關係，正統日本料亭裡的服務人員，都非常清楚店裡當天所提供的菜品內容。

和食的精神包含了「恰到好處的貼心」。在你開始用餐之前，若你有先好好看過菜單的話，就算不用問人，你也能對自己接下來要享用的餐點有更多認識與了解。

和食套餐的菜單，通常都是由右至左，以上菜順序採直書方式呈現。不過，這不代表品嘗順序，也不是指菜品擺放的順序。和食料理端上桌時，擺放的位置及方式，都是料理長費盡心思的構圖，其所呈現的氛圍，是文字難以言喻的視覺之美。

品嘗順序以左至右

那麼該以什麼樣的順序來開動才好？基本原則為橫向由左至右；若複數碗碟呈垂直排列時，從距離自己較近的開始，由內往外取菜。

在和食的世界，這個開動順序已是常識，料理師傅也會依此為前提，同時依循某個規則來擺盤——從淡味至濃味。理由是，若一開始就先吃了味道濃郁的料理，人的味覺很快就會疲勞；而且以清淡料理收尾，反而會讓人覺得不滿足，這是因為舌頭已經變得遲鈍了。

幾乎全世界所有的套餐料理，都會從調味清淡的菜色開始，以調味濃郁的菜色收尾。當然，想從自己喜歡的菜開始吃也不能說錯，不過由左至右、由內往外的原則，也可以套用在西餐，特別是要享用肉排或魚排時，下刀順序也是依照這套原則，因此記起來肯定有益無害。

吃不完，怎麼辦？

一份套餐中，難免會出現自己不敢吃或不能吃的食材。近年來，大眾越來越重視食材過敏的議題，在向店家預約時，主動告知不能吃或是不希望出現的食材，已經被認為是客人的禮貌。

若你是負責招待客人的服務生，事前詢問客人是否有無法吃的食材，並且回報給負責餐食的店家，則是身為招待方的基本禮儀。

除了過敏食材之外，你也很難逐一告知店家自己不愛吃，或不想吃的食材。萬一自己不愛吃的食材出現在餐盤中時，該怎麼辦？**放著不動就好**。這個舉動既沒有違反禮儀，也不是什麼丟臉的行為。

若那道料理裝在有蓋子的容器裡，那就蓋上蓋子；若沒有蓋子，就用懷紙蓋上去；沒有懷紙的話，就用放在盤邊、點綴用的葉子蓋上去。連裝飾用葉子都沒有的話，就放著不動。

生魚片拼盤
從哪裡開始吃？

答案

從離自己近的開始吃或由左至右。

盡可能不破壞整體擺盤，
從味道淡的食材開始依序品嘗。

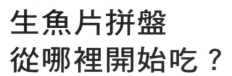

說到日本料理中的拼盤，就不能不提，擺盤有如盛開花朵般華麗的生魚片拼盤。生魚片拼盤的品嘗方式跟先付相同：由左至右（直向排列時，則以距離自己較近的品項開始，由近至遠）。

生魚片拼盤裡都會有味道清淡的白肉魚（白身），與含有脂肪的紅肉魚（赤身），因此，從白身開始吃，再吃赤身，由清淡至濃郁，就是最理想的品嘗順序。通常生魚片拼盤的擺盤方式，也會依循這套規則：白身在左側前方（距離食用者較近）、赤身在右側後方（距離食用者較遠）。

看到這裡，大家應該覺得今後品嘗生魚片拼盤時，終於可以優雅又不失禮的品嘗了吧？殊不知，拼盤中還會出現一朵點綴用花朵——黃色的菊花（小菊）。

穗紫蘇不只是裝飾

很多人看到它的時候，一定或多或少懷疑過，「這個要吃掉嗎？」、「這只是裝飾用的花，應該不用吃吧？」我就直接說結論，這種黃色的菊花可以吃，但是花萼帶有苦味，所以一般只吃花瓣。「用手指一片片摘下花瓣，丟進醬油碟中，再用生魚片沾著花瓣與醬油一起吃下。」這是最正確的吃法，小菊的花瓣可以為生魚片增添香氣與層次。

菊花算是非常常見、初級的裝飾食材，那麼，有什麼是上級的裝飾食材呢？穗紫蘇就是其中之一。

穗紫蘇的花穗呈粉紫色，模樣美麗又有香氣，在和食料理中經常登場，紫蘇的葉子（又稱大葉）有特殊的香氣，或許這正是其受歡迎的原因。要注意的是，品嘗時，並非將花穗帶著莖一起整口吃下，而是用筷子將花穗輕輕剝落、撥入醬油碟中，或是撥撒在生魚片拼盤上，才是正確的品嘗方式。穗紫蘇的香氣非常淡雅，很快就會消逝，建議盡速處理，趁早享受它的風味。

在正式的和食宴席上，如何使用芥末，也是非常重要的禮儀。

不要將芥末融在醬油裡，而是應該用筷子沾一小撮放在生魚片上再享用。日本料亭使用的是日本原產芥末，很難溶於醬油之中，而且芥末溶在醬油裡的話，香氣很快就會消散。還有，將生魚片送入口中時，要一起拿起醬油碟。若是醬油碟不好拿，此時也千萬不要用手當碟子，改用懷紙吧。醬油碟的體積小，又裝滿醬油，拿起來也會擔心灑出來，而改成懷紙，就不用擔心這些了，且滴落下來的醬油也能被懷紙吸收，真的是一舉兩得。

白蘿蔔絲，展現師傅的刀工

我再進一步說明關於裝飾食材吧。

裝飾食材在和食料理中，算是相當重要的配角，除了替生魚片拼盤增添華麗色彩，也能表現出季節感，甚至有些食材還能提味。常見的裝飾食材有白蘿蔔、紅蘿蔔、小黃瓜、海帶芽、紫蘇葉（大葉）等。

在這些食材之中，似乎有很多人常常搞不清楚白蘿蔔究竟是配菜還是裝飾，到底該不該吃掉呢？實際上，一流日本料亭端出的生魚片拼盤，當中所附的白蘿蔔不是切成薄如蟬翼的薄片，就是切成極細的細絲。不論白蘿蔔薄片，或是白蘿蔔絲，其中所蘊含的不只是料理師傅精湛的刀工，還有師傅對於整體細節的用心。

如此費工才能完成的白蘿蔔配菜，實在沒有不吃的道理吧。加上白蘿蔔的含水量高達九五%，是非常低卡路里的食材，且含有豐富澱粉酶，能幫助消化、預防胃酸逆流及脹氣。

另外，白蘿蔔也有不錯殺菌及防腐效果。在冷藏及冷凍技術還不發達的時代，當時生魚片拼盤造成食物中毒的機率，是現代的好幾倍；而白蘿蔔內含抑菌成分，因此當時人們普遍將白蘿蔔搭配生魚片食用。

既含有豐富營養，又能幫助消化，還能清除口中異味，白蘿蔔可是說最理想的裝飾配菜。在享用生魚片拼盤時，白蘿蔔及生魚片交替著吃是最適合不過了。

白蘿蔔、紫蘇葉這類配菜，其實並沒有嚴格規定怎麼吃。我的學員中就曾有人說：「我最喜歡用紫蘇葉包著花枝生魚片一起吃。」這種搭配完全沒有問題。

總結一下，生魚片拼盤中的食材全部都可以吃，這不僅符合和食文化中不剩食的精神，也很符合現代營養學、科學的觀念。

先吃湯料，
還是先喝湯？

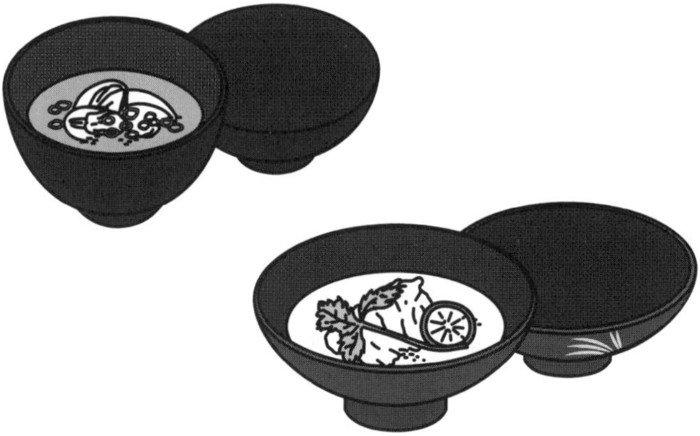

答案

先喝湯。

湯品能夠展現這家店的格調與等級，
因此先喝一口湯，是基本禮貌。

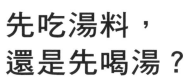

透過一碗湯品，就能了解這家店的格調與等級。

日本料理的職人，極為重視自己的店所要端出的湯品。因為一家店的湯頭與湯品料理的美味與否，會大大影響這家店的評價與地位。

當湯品端上桌、客人打開碗蓋的那一瞬間，首先聞到一陣香氣，然後第一口先品嘗湯頭的鮮美；職人廚藝的完美傑作，都在這一碗湯中，值得細細品嘗。

一碗湯，代表一間店的格調與等級

據說，過去曾有相當嚴格的規定，當職人將煮好的湯頭倒入碗中、蓋上碗蓋後，直到端給客人品嘗之前，絕對不可以打開蓋子，有些店家甚至還會使用茶道道具茶筅（又稱茶刷），沾水之後滴一些水滴在碗蓋上，這叫做「露打」。一方面是為了在夏季營造清涼感，一方面是為了證明，這碗湯品沒有被別人打開過。

盛裝在碗裡、注入湯頭的湯品料理，在日文裡稱為汁物。一般說到它，都會使用附有碗蓋的漆碗盛裝。打開碗蓋、將碗蓋放置桌面，在進行這些動作時，心裡也要謹記，**別讓碗蓋及餐具受到損傷**，只要想著「我手上拿著的可是高級漆器呀！」你就會放慢、放輕動作，在旁人眼裡，就會覺得你的表現很沉穩，對你的印象加分。

那麼，在享用湯品時，還有什麼需要注意的重點？

如何避免碗蓋內的水滴到桌面

品嘗湯品時，若你能細心捧起碗，用優美的手勢打開碗蓋，才算是通過了品嘗湯品的第一關。試著回想一下，你是否曾經有過無法順利打開碗蓋；好不容易打開了，碗蓋的水滴卻滴落整個桌面；手拿著碗蓋不知道該放哪裡才好等窘境？

湯碗蓋很難打開的時候，就用左手扶著湯碗，再用左手手指輕輕按壓湯碗兩側，如此碗的邊緣就會稍稍變形，空氣趁隙進入，就能輕鬆打開蓋子。若是使用蠻力、毫無技巧的硬把碗蓋拿起來，裡面的湯很有可能會灑出來，不可不慎。

如何才能防止碗蓋內的水滴落桌面？當你打開碗蓋後，不要立刻把碗蓋拿走，而是**刻意停數秒之後，再拿開**。在等待的這數秒間，碗蓋內側的水滴，就會滴落在湯碗裡，便不會弄髒桌面。

乍看之下是否覺得這個小技巧很難？其實真正做起來意外簡單。將碗蓋打開之後，抓著碗蓋，沿著碗緣以「の」字形慢慢移動，再將碗蓋整個拿起來。這一連串的動作一氣呵成，就能讓你的姿態自然又優雅。已經打開的碗蓋，要倒過來、蓋裡朝上，放在湯碗外側。這是為了避免碗蓋內側的水氣弄髒桌面，或是妨礙用餐。

若你是用右手打開碗蓋，就將倒過來的碗蓋，放在右側後方。最簡單的記法：湯碗旁就是固定放碗蓋的地方。

打開碗蓋的時機也很重要！基本上要等上位者先打開後，才能跟著打開。**日式料理非常重視地位序列**，年輕一輩務必特別注意。

喝湯不用湯匙，用筷子

打開碗蓋之後，第一口一定要先喝湯。

在和食料理界，湯頭就有如靈魂一般，極為重要。湯頭好壞，可以展現一家店的實力高低，說是顏面也不為過。因此，當你打開碗蓋時，感受一下那瞬間飄溢而出的香氣，然後用雙手捧起湯碗，細細品嘗湯頭的美味，這就是對料理職人表達敬意的最佳姿態。

和食相當注重溫度，當料理端上桌時，它就已經是適合馬上開動的溫度，湯品也是，基本上不需要吹涼、放涼，直接開動、靜靜品味湯頭韻味就很棒。注意，千萬不要第一口就把湯全部喝光光。品嘗完湯頭後，再來品嘗湯料。

喝口湯，再吃一口料，這樣交替享用最理想。就連看似裝飾用的配料，也都是可食用食材，放心享用吧。特別注意，和食料理不需要用湯匙，以碗就口即可，也可以使用筷子。

為什麼蒸蛋要叫茶碗蒸？

茶碗蒸這道料理，多數時候也跟湯品一樣，會用有蓋的碗盛裝。在這裡也跟各位分享關於茶碗蒸的豆知識。

大家有沒有想過這個問題，明明就是蒸蛋，為什麼要叫茶碗蒸？其中一個說法是，當時與長崎有貿易往來的中國人，將圍著圓桌吃飯的桌袱料理（按：日本式的中國宴席菜）傳入長崎，後來就成了長崎當地代表性的鄉土料理，而茶碗蒸就是其中一道。據說有位來自四國伊予松山，名叫吉田宗吉信武的藩士，在長崎吃到茶碗蒸之後，非常喜歡這道料理，大受感動之餘，還開了一間茶碗蒸專賣店，店名就叫吉宗；從此茶碗蒸漸漸廣為人知。

隨著茶碗蒸在日本全國日漸普及，不同地區也出現了含有在地特色的特殊口味茶碗蒸。例如，鳥取縣會加入春雨（冬粉），成了「春雨茶碗蒸」；還有將蛋液倒入烏龍麵湯裡，跟著烏龍麵一起蒸的「信太蒸」；或是加入豆腐當成配料之一、蒸好後還會淋上勾芡的「空也蒸」等。茶碗蒸演變出多種不同風味，各有千秋，這也證明這道料理，在日本各地都受到喜愛。

如此受歡迎的茶碗蒸，其實最一開始，並沒有被當成「蒸」的料理，反而被認為像湯品一般的汁物，甚至還要用筷子來吃。當時的吃法，是用筷子將茶碗蒸整個攪散，然後像喝湯一樣，以碗就口喝下去，再用筷子夾起其他配料吃掉。而茶碗蒸的名稱由來，則是因為最初是使用碗（日本稱之為茶碗）來當成容器，故取名叫茶碗蒸。

為什麼要攪散再喝下去？應該是因為剛出爐的茶碗蒸非常燙，為了讓容器裡的熱氣趕快散發出來，所以才用筷子先攪一攪再喝下去。因為流傳下來的資料實在太少了，究竟茶碗蒸的由來是否真是如此也不得而知，但是想想一道料理的起源，居然有這麼淵遠流長的歷史，不禁令人感嘆，料理真的是一門深奧的藝術。

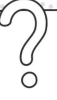

整條烤魚從哪裡開始吃？

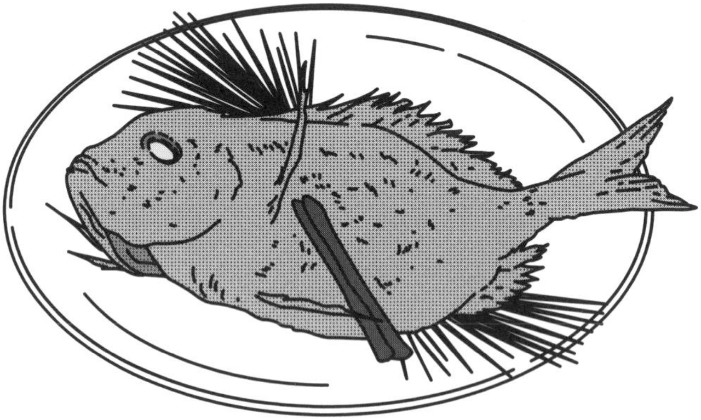

答案

從頭吃到尾。

想要吃相優雅，別忘了使用懷紙。

「儘管我每次都盡力想要把魚吃得乾淨，但實在很難辦到。」就算是同一種魚，做成容易入口的生魚片，與做成沒有特地去骨、魚頭魚尾都還在的整條烤魚，後者應該更讓人棘手吧。我甚至很常聽到，有不少女性，即便看到端出了豪華鹽烤整尾鯛魚，卻因為顧慮周圍的眼光，所以不敢吃那道菜。

如果是像相親，或是接待重要貴賓的餐會這類場合，我完全能理解擔心自己的表現會招來負面評價的心情，但是，只要好好掌握要點，想要展現優美的吃相其實並不難。

吃魚三大要點：從左往右、善用懷紙、注意魚刺

想要優雅的吃完整條烤魚不是難事，只要注意三大要點。記住魚的身體構造，中間是一條脊骨，以脊骨為界分正面跟背面，動筷方向則是由左至右，再來，務必使用懷紙，最後，吃的時候要小心魚刺。順帶一提，就算不是吃整條烤魚，而是輪切、分切好的魚塊，也要由左吃至右，代表從頭到尾的意思。

萬能的優雅小道具懷紙，也是吃魚時的好幫手。當需要壓住魚頭或魚身時，它就可以派上用場，讓你的手指不會被弄髒。吃完魚之後，剩下的魚骨魚刺就用懷紙蓋上遮住，避免弄髒桌面也顯得美觀。

吃魚時要小心魚刺，在將魚肉送入口中之前，務必仔細將魚刺都挑出來。萬一在口中咀嚼時發現還有刺，就拿起懷紙遮掩一下，再用筷子尖端將魚刺夾出來，放在盤子的角落即可。

「將已經放入口中的食物又拿出來」，這點確實是違反了餐桌禮儀，不過魚刺或骨頭是例外。曾經有學員說：「因為覺得很丟臉，所以小刺我都硬吞下去了。」用懷紙遮住嘴巴再夾出骨頭，這樣就一點都不失禮。

開吃之前，先取掉魚鰭

整條烤魚端上桌時，擺盤方向一定都是魚頭朝左、魚尾在右側。

還記得和食的品嘗順序是由左至右嗎？先從魚頭的部分下筷，用筷子劃出一道切口，小心避開魚骨，然後夾起一口魚肉送進嘴巴。另外，整尾烤魚有分正面、背面，原則上以不將魚翻面，並將兩面的肉都吃乾淨為主。以下告訴大家不需要翻面，也能將整尾烤魚吃得乾乾淨淨的方式：

1. 取下裝飾道具

烤魚上桌時，先取下盤中點綴用的裝飾道具，置於盤子邊邊（若是烤魚身上也有裝飾道具，用筷子或用手取下都可以）。

2. 取下魚鰭，此時可對折懷紙，壓住魚頭

懷紙原本就已經是對折成兩半的長方形，再對折一次，折成正方形。此時，用懷紙壓住魚頭，另一手用筷子取下背鰭、胸鰭、腹鰭等魚鰭，並置於盤子邊緣。若是特別喜歡吃魚鰭的人，可以安心享用，這舉動並不會失禮。

3. 品嘗魚的正面

建議從魚頭連結魚身的地方（左上背部）下筷，一次夾起一口大小的魚肉享用。以魚脊骨為分界，上背部與下腹部的魚肉輪流夾起品嘗最為理想。若是一開始下筷位置為正中間，感覺像是將魚分成左右兩半，儘管這麼做可以更容易夾起魚肉，但有些人認為這種方式象徵著「一刀兩斷」，因此會感到不悅。

4. 要品嘗魚的背面之前，先取下中央脊骨

盡可能不破壞料理的擺盤，也是享用和食料理的重要原則，因此吃完烤魚的正面之後，必須在不翻面的情況下，享用背面的魚肉。

當你吃完魚的正面，就能看見整條脊骨，只要將中央脊骨整個取下，就無須將魚翻面，也可把魚背面的肉也吃得乾乾淨淨。

這時可以用懷紙壓住魚頭，另一手用筷子挑起整根魚脊骨，再置於盤子邊緣。

吃魚 6 步驟

1. 取下裝飾道具。

2. 用懷紙壓住魚頭，取下魚鰭。

3. 品嘗魚正面。

4. 取下中央脊骨。

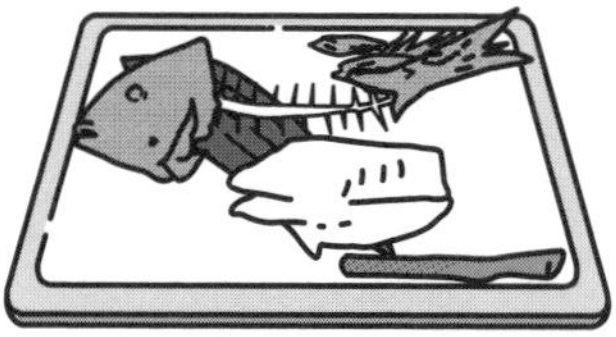

5. 品嘗魚背面。

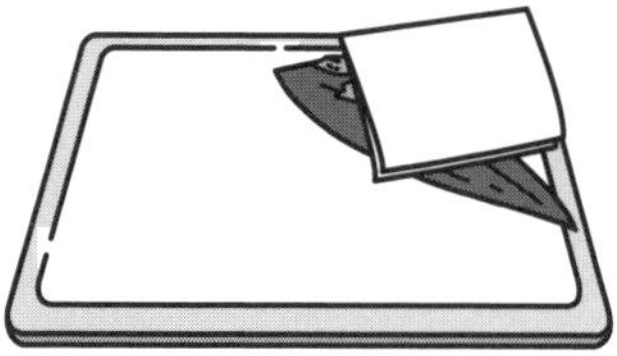

6. 收拾殘渣。

5. 品嘗魚的背面

取下脊骨之後，一樣由左至右夾起魚肉享用，注意細小魚刺。

6. 收拾殘渣

將魚皮、魚骨、魚刺等集中起來，再用懷紙覆蓋，看起來就比較美觀（重複使用前面吃魚時用過的懷紙也關係）。若是當下手邊沒有懷紙，那就用原本墊在烤魚下方的葉子蓋住殘渣。

為什麼最後才端上白飯？

答案

暗示該停酒了。

這是會席料理的既定做法。

截至目前為止的內容，我介紹了會席料理中會出現的前菜、生魚片拼盤，也說明了湯品、整條烤魚的正確品嘗方式。現在就讓我來好好介紹一下，一般正式的日本會席料理的上菜順序吧（實際上菜順序會因店家或料理職人而有些許差異）。

1. 前菜。
2. 餐前湯。
3. 生魚片拼盤。
4. 烤物（整條烤魚或烤海鮮，通常也是套餐中的主菜）。
5. 煮物（燉菜）。
6. 天婦羅之類的油炸物、茶碗蒸、醋拌涼菜等。
7. 白飯、湯品、醬菜。
8. 水果、甜點。

這些順序不需要死記硬背，只要想想會席料理的起源，進一步理解背後的原因，自然就能記住。

白飯、湯品、醬菜最後才上

我想應該有不少人有這個疑問，「為什麼要等到用餐快結束時，才端上白飯？」為什麼不能從一開始就吃白飯？這背後到底有什麼緣由？

會席料理原本是以飲酒為主要目的的料理；即便到了現代，其料理的組成概念，仍以享受飲酒宴席之樂為主。因此，會席料理會從眾人開動之時就端出酒，也因為配合飲酒，故上菜順序就會是前菜、生魚片、烤物、燉菜。

等到白飯、湯品、醬菜一起端上桌時，也是在告知「飲酒時間結束了，該好好吃飯」的意思。另外，會席料理是從懷石料理演變而來，而懷石料理又是從茶道衍生出來，因此，懷石料理的主要目的就不是飲酒，而是品茶。想要同時享受正統的美酒或茗茶並不是容易之事，儘管有些懷石料理也會提供酒類，但也只會提供極少量的酒飲。

懷石料理的順序與會席料理正好相反，白飯、湯品、醬菜這三項會最先上菜：

- 會席料理：飲酒作樂為主要目的，白飯會等到用餐接近尾聲時才端出。
- 懷石料理：主要目的為品茶，一開始就會端出白飯。（懷石料理在現代已用「茶懷石」稱之。）

其實，在順序七端出的湯品，又稱停酒碗，意思是「下酒菜到此為止，從現在開始不能再喝酒了」。不管前面喝得有多酒酣耳熱，當看到白飯、湯品、醬菜上桌時，就要停止喝酒，才符合禮儀，而在這個時間點，有時也會端出熱茶。為了不讓少數反應遲鈍又粗神經的人感到丟臉或不悅，才會藉由這種上菜方式，來暗示停酒。

關於「停酒的暗示」，在這裡跟各位分享一則趣聞。這是由曾經擔任知名老牌飯店的女服務生S小姐與我分享的經驗談。

S小姐現在已經是非常資深的服務生，但在她剛做沒多久時，曾有一次誤判了端出停酒暗示的白飯組合的時機，結果被客人狠狠罵了一頓。據說客人直接吼她：「所以現在是不准我們喝酒了是嗎！」客人之所以這麼生氣，是因為他們雖然已經吃完生魚片、烤物、煮物等多道下酒菜，但其實還在談事情，需要繼續喝酒，此時卻看到煞風景的停酒暗示端上桌，所以很不高興。

那時的會席料理大都是高價位，顧客也幾乎是政商界的大人物。會席料理的飯局，就是這些大人物談事情的場合，甚至可能會一邊飲酒，一邊商談足以影響政局的大事。這樣看來，白飯組合的登場時機真的是不可不慎。

不要弄髒白米

繼續聊聊關於吃飯的方式吧。你或許會想，「吃飯還能有什麼方式，我當然會吃飯呀！」其實順序七（第一〇〇頁）白飯組合中的白飯，可是有一套獨特的用餐原則：別把醬菜放在白飯上。會有這條規則，是基於「不要汙染純白米飯」的心理，亦是一種尊崇白米的精神。

享用會席料理，與在家吃飯是兩件事。把咬一口的醬菜又放回碗裡也是禁忌。另外，當你吃完一碗飯，還想要再續一碗時，要記得用雙手捧著飯碗遞出去。

一般來說，服務人員會將裝好白飯的飯碗放在桌面上。不過，若你是直接**從服務人員手上接下飯碗**，千萬不要直接抄起筷子扒飯！正確方法是，**先將接過來的飯碗放在桌面上，再捧起來吃**。接過碗後直接扒飯，會讓別人產生「你是有多餓」、「這人怎麼這麼貪吃」等負面觀感。

日本人自古以來非常重視白米，他們很珍惜每一粒米。米這個字可以拆解成「八十八」，據說這代表從種植稻米開始到變成白飯，必須經過八十八道作業。

「飯沒吃完會遭天譴」，相信不少人在小的時候都有被父母這樣罵過吧，而在日本人的心目中，一粒一粒閃耀光澤的白米，就像是生命，而重視生命，就是日本人的民族性之一，將這個觀念放在心上，相信你一定很快就能領會，何謂理想的吃飯方式。

在壽司店說出：「魚只要新鮮就會好吃。」

答案

壽司是重視技術的料理。

回顧壽司的歷史，就能了解壽司的精髓。

說到日本具代表性的料理，除了會席料理之外，就屬壽司。

在現代，壽司幾乎已經成為日本的代名詞，「SUSHI」甚至還成了世界通用的單字。但是，真正了解壽司的歷史淵源與其定義的人，應該少之又少。接下來將介紹關於壽司的基本知識，增進你的壽司素養。

壽司的定義，就是把醋飯與配料（通常以海鮮、蔬菜、雞蛋為主），透過捏製的手法，將兩者組合而成的料理。而壽司的起源並不在日本，而是源自於東南亞地區。

壽司其實源自東南亞

居住在東南亞山岳地區的民族，為了保存得來不易的魚貨，而使用發酵後的米來醃製魚，如此就能保存魚肉的新鮮度，防止魚肉腐敗。據說這種保存方法的靈感，來自於看到浸泡過海水的魚會自然發酵，就像是用醋醃製過一樣。而用這種方式製成的料理叫做「熟壽司」，也這就是壽司的起源。日本滋賀縣的鮒壽司與秋田縣的雷魚壽司，都是熟壽司的一種，至今也是受到饕客喜愛的在地鄉土料理。

熟壽司的做法，據說是奈良時代，從中國引進水稻種植的技術時，一起傳入了日本。當時的主流是將鯽魚、香魚等河魚，用甜醋調味後鋪在米飯上，靜置一晚後就變成了保存食品。隨著時代演進，熟壽司的做法越來越普及，到了鎌倉時代，開始出現用吃剩下的魚，製成熟壽司。

江戶時的壽司攤販就像得來速

時序來到江戶時代中期。這時候的壽司已經不需要經過發酵，市面上開始出現跟現代握壽司非常接近的「快壽司」。

當時的觀念認為，「江戶前（東京灣）捕獲的新鮮漁獲，還要特地用鹽醃製實在太浪費了，根本沒必要刻意做成保存食品」，這也成了握壽司的發想契機。之後也開始出現壽司捲、棒壽司等各種形狀的壽司，當中最受到大眾歡迎的，就是箱壽司（按：將米飯及生魚片放進長型的小木箱之中，輕微用力擠壓，然後切成麻將大小的方塊狀）。

江戶時代後期，也就是一八〇〇年前半，現代握壽司的原型，終於在這個時期登場，並且受到急性子江戶人的歡迎。

第一個做出這種握壽司的人是初代華屋與兵衛，這是目前最常見的說法；但也有另一派說法表示：「同時期也有其他壽司職人做出了這種握壽司。」因此，我認為「華屋與兵衛是握壽司的集大成者」，這個說法應該會比較合適。也是從這個個時期開始，江戶的壽司就以握壽司為主流。

當場現捏現吃，也是當時壽司攤如此流行的原因之一。「提供有如速食般的快速服務」，這種服務精神可說是壽司店的核心；而品嘗壽司的食客，也會以大方的態度回應。

那個年代的壽司攤，是客人站著吃，壽司職人以跪座之姿捏製壽司，與現代恰好相反，而這種生意型態，持續了非常長的一段時間。一直到了一九三〇年，政府基於道路交通法、公共衛生法進行取締，才漸漸消失、轉型。

說到那個時期的江戶，可是人口超過一百萬的世界級大規模都市。前面也提到，當時的江戶人口大都是單身男性，握壽司成為當時銳不可當的超人氣單身貴族餐點，而且，對於當時的江戶人而言，握壽司類似於輕食、點心，這股風氣也一直延續到昭和時代。

當時的握壽司，是將在江戶前捕獲的新鮮漁獲，快速處理乾淨後，搭配用醋及鹽調味過的壽司飯捏製，完成後的壽司大小，卻是現在的兩到三倍，差不多就跟飯糰一樣大，因此需要切成小塊食用，也因為魚料都在江戶前捕獲，故也被稱為江戶前壽司。之後，隨著漁業工法與製冰技術的發展與流通，壽司也持續進化，以江戶（東京）為中心，有越來越多人開壽司店。

大正十二年（一九二三年），因關東大地震的影響，原本集中在江戶（東京）的壽司職人們，輾轉至全國各地開枝散葉（其實就是返鄉就業），江戶前壽司就這樣傳至各地，進而受到全國民眾的支持。

據說在當年的顛峰期，日本共有三百多家壽司店，然而到了昭和十六年（一九四一年），太平洋戰爭爆發，白米及魚貨都變成配給制，整個業界也有了極大改變。到了戰爭結束之時，已經有非常多店家逼不得已面臨倒閉。

戰後，日本對於餐飲店的規範也越來越嚴格，於是，有些無法經營壽司店的店主，會收下別人透過配給所得到的一人份白米（一合），加工製成壽司來販售，這種受託製作的模式，其實就是外帶壽司的概念。

當時，一合白米可以做成十貫壽司，並以此為單位進行販售，直到現今也仍維持著「一人份壽司就是十貫」的不成文規定。到了昭和二十年代（一九四五年），戰後經濟成長，壽司店也逐漸發展成社交場所，也是在這個時期，奠定了日後高級壽司店的風格：在櫃臺設置可視的冷藏櫃、壽司職人會一邊捏壽司一邊與客人聊天。

稍微總結一下吧。

被當成保存食品的壽司，與被當成速食的快壽司，兩者類型可說是完全不同。而現代人坐在壽司店的櫃臺前品嘗壽司的模式，就是從快壽司流傳而來。

關於壽司的語源，也有幾種說法。

第一種，因為壽司的調味中有「酸」，酸的日文形容詞終止形是「すし」（SUSHI），故稱為すし；第二種，因為做壽司會用到醋飯，日文是「すめし」（SUMESHI），取其頭尾的發音就成了すし。

雖然到目前為止都沒有標準答案，但是思考一下名詞起源，也能激發起好奇心。另外，壽司的讀音是すし（SUSHI），但漢字寫法居然有三種！分別是壽司（寿司）、鮨、鮓。（本書為求方便閱讀，故統一使用壽司表示。）

1. 鮓：常用在「熟鮓」單字上，原意是指將魚肉用鹽或糠醃製過後，放入發酵的米飯之中醃漬製成的保存食品。

2. 鮨：與鮓一樣，都是日本自古以來就有在使用的漢字。鮨，在中文的意思是指魚醬。

3. 壽司：從江戶時代才開始使用的寫法。有一個說法是，「源自於祝賀喜事的『壽詞』的『壽』字」；也有另一個說法是，「『司』在日文裡有掌管、掌控的意思，因此『壽司』這個寫法就很吉利，代表吃了壽司以後就能掌握幸福。」

不論哪一種寫法，都象徵著「壽司」在日本深刻且悠久的歷史。

除了食材新鮮度，更重視技術

「沒想到現代握壽司的前身，竟然是以保存為目的的發酵食品！」、「男性就算只有一個人也可以輕鬆消費、站著快速吃掉，這根本就是現代的速食嘛！」回顧壽司的發展歷史，重新認識了壽司的淵源，想必就連多數日本人也會大呼驚奇吧。然而，我們對於壽司這門學問，其實還存在著一些誤解。

你是否也覺得，壽司的美味與否，僅取決於食材的新鮮度呢？食材的新鮮度固然很重要，卻不是唯一關鍵，因為壽司可不是只要把買回來的魚貨切成小塊，再跟醋飯捏在一起就好這麼膚淺的料理。光是處理食材，就需要耗費莫大的時間與心思，絕對不是容易的事情。

要將業界幕後的訊息公開，簡直就像公開魔術師的技巧一般野蠻，請恕我只能點到為止。貝類要去掉殼之後再取下貝柱、裙邊、內臟等；有些魚必須用適宜的溫度熟成，有些則是片開之後撒鹽，然後用醋或昆布包起來；或是放入自家製不外傳的機密醬汁醃漬。這些處理作業都需要精準的掌控熟成時間，且非常依賴長年累積下來的經驗。還有，炙燒也是一門不容小覷的技術，火候大小的調節、炙燒程度的拿捏等都需要非常纖細的直覺判斷。

有一種說法是，壽司配料的美味程度，取決於如何巧妙又適當的去除海鮮食材的含水量。在追求食材本身的新鮮度之餘，控制食材水分含量，更是影響壽司美味的重要關鍵。總而言之，壽司就是職人技術的結晶。

可以直接用手拿著吃嗎？

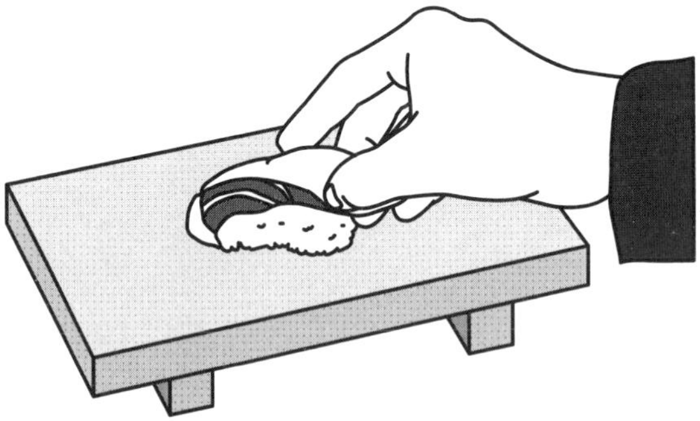

答案

可以。

師傅透過捏製壽司，展現款待之心與精湛手藝；客人也以優雅姿態，用手指來品味。

「說來說去，果然還是食材的新鮮度最重要嘛！」或許你還是會這麼想，但是壽司職人們努力鑽研技術，做出如此美味的壽司，這種用心也實在令人敬佩不是嗎？

說起來，江戶時代的握壽司，是在沒有冰箱也沒有冷凍庫的時代下發展起來的，在那樣的環境下，握壽司為了維持食材新鮮度，才發展出用醋醃製、用鹽醃漬等加工方式。另外，為了預防食物中毒，使用殺菌效果佳的山葵跟薑片當成提味佐料，在日後也成為了壽司的標配。

即便身處在沒有冷藏技術的時代環境，江戶的壽司職人們絞盡腦汁、集思廣益、磨練技術，盡全力為客人提供安全又美味的海鮮食品。

走進壽司店後，需要注意什麼呢？

我曾經帶了三百名以上的學員到壽司名店「銀座久兵衛」用餐，這位老大（該店的頂尖資深師傅）總是對大家說：「吃壽司不需要太在意繁文縟節啦，不用這麼緊繃。」

話說回來，「不會迴轉的吧檯壽司店」，與「會迴轉的迴轉壽司店」截然不同，前者擁有獨特的潛規則。

享受壽司，並不是只有享受壽司的美味而已。真正涵義應該是：「師傅與客人在同一個空間下，有良好的互動，用心品嘗師傅每一道精湛手藝。」了解這個道理之後，身為客人該採取什麼樣的舉動、怎麼表現才能讓師傅及周圍的人都感到舒適愉快，相信無須多言，自然就能找到答案。

有了基本認知、掌握好基本心態之後，你就不會因過度緊張而綁手綁腳，放輕鬆之後，也才能進一步去享受壽司的美味，感受待在壽司店的美好時光。不論你去到多高級的壽司店，若因過度緊張而全身緊繃、食不知味，這樣不只浪費了時間與金錢，也完全白費了這道料理的美味與其師傅的心血結晶。

不僅限於壽司，任何類型的料理或餐廳，也都適用這個道理，保持基本的禮儀，就是對店家及師傅、職人的尊重。所以，只要你的心態正確，即便直接用手拿起壽司、用心品嘗美味，師傅也會感到喜悅，甚至還會覺得你是一個「上道」、「懂吃」的客人。

壽司是客人與師傅距離最近的料理。也正因如此，客人與師傅之間建立信賴關係，雙方有良好的互動往來，是最理想的吃法。

坐吧檯桌，不要戴手錶或手鍊

說到去壽司店吃壽司的常識，就是不要戴著手錶或手鍊去坐吧檯。因為一流壽司店的吧檯桌，通常是用高級原木（例如檜木）整片製成，這是非常珍貴且高價的工法，若是稍有損傷都會非常明顯，店家也會很困擾。也最好避免使用香水等擁有強烈香氣的香氛用品。

相較於其他種類的和食、西餐，甚至中餐，壽司店的規矩的確比較不同，但仍希望客人能遵守，因為壽司的美味，除了味覺之外，嗅覺也是相當重要的一部分。若你身上一直散發出強烈香氣，反而會妨礙自己及其他客人品味食材香味，這是相當失禮的行為。

實際上，名店「銀座久兵衛」整家店的內部裝潢，以及吧檯桌都大手筆的使用了檜木，因此一進店內，就會聞到木頭香氣。甚至有人說，從走進店裡到吃完壽司離開，整個過程只會聞到木質香，沒有其他異味干擾。香菸就不用提了，幾乎所有壽司店都禁菸，癮君子務必自我克制。

可以自己點或交給師傅決定

當你想要預約某一家壽司店時，可以的話，最好提前一週訂位，最遲也要提前三天。因為食材進貨與調度需要時間，有時甚至會花上幾天不等，店家也需要配合人數來調整進貨量。若是有過敏食材或個人喜好要求，也可以趁訂位時提前告知。

請提前五分鐘抵達店家，若你會遲到，也務必告知店家。

進入店裡後，服務人員會為你帶位。大將（領頭師傅、店主）正前方的吧檯座位是最好的位子，通常是熟客的固定座位。即便是你第一次到訪的店，視抵達時段，仍然有機會被安排坐在這個位子。這個位子距離大將最近，也最容易搭話，是非常幸運的好位子。

在壽司店點餐，大致上有兩種方式。一種是客人自己點；另一種是交給師傅決定，類似無菜單壽司套餐的形式，由師傅決定當日的套餐內容。

坊間許多禮儀書會告訴你，若你選擇自己點，務必要從味淡到味濃、甜味擺最後。因為若你一開始就吃了味道濃郁的食材，舌頭很快就會麻痺，之後嘗味道清淡的食材，就感覺不到美味。

但是，當你走進一家高級壽司店，你會不會很想拋開原則、順序，只吃自己想吃的呢？尤其看到坐在你隔壁的客人點的壽司，你應該也會產生一股「我也想吃吃看那道」的心情吧？這種時候，建議你就別管味道濃淡了，直接放心大膽的點你想吃的品項吧！

超級名店銀座久兵衛的師傅也說：「那樣子點餐也很不錯喔。」畢竟，若你是壽司師傅，你特地進了上好食材，滿心期待想讓客人品嘗，結果客人卻拘泥於所謂的順序，在那裡猶豫不決甚至不敢點餐，身為師傅的你會做何感想？看到眼前的客人想點又不敢點，你會對他說什麼？應該九成會說：「不用在意細節啦，請儘管點您想吃的壽司，好好享受吧！」這類的話吧。

為了解決味道濃淡的問題，壽司店還會準備一個強力幫手——薑片。帶有酸味的**薑片，能讓口中味道煥然一新**。因此，就算先吃了味道濃郁的食材，再吃味道清淡的食材，也不用擔心了。害怕吃薑片的話，也可以喝口熱茶來清除口中味道。

若是沒有特別的要求，或是**跟這家壽司店還不夠熟**的話，可以先**交給師傅決定**；

若你已經是這家店的**熟客**了，也可以試著挑戰**自己點**。儘管有許多規矩、原則都是從以前就流傳下來，但我們並不需要每一項都如實遵守。身為禮儀老師的我竟然這麼說，你是不是以為我在自打嘴巴？但是，時代一直在演進，有些規矩早已不合時宜，而過度執著於規矩，導致無法放鬆心情、臉部表情緊繃、失去笑容……這些副作用，可是會讓人無法好好品嘗美味料理啊。

我認為最重要的觀念，就是去分辨哪些規矩即便到了現代也值得遵守，哪些規矩又應該隨著時代彈性應變。我在撰寫本書時，就是希望讓讀者了解各種不同類型的飲食文化，藉此進一步認識「即便到了現代也值得遵守的禮儀」，這就是我的初衷。

吃壽司原則：直接用手、三秒內、一口吞

讀到這裡，我想應該會有讀者想問：「那在吃壽司時，哪些是在現代也值得遵守的規矩呢？」我就直接揭曉答案吧：「直接用手、三秒內、一口吞下。」

近年來受到美食潮流影響，許多媒體都會以壽司為主題，探討「吃壽司到底是用

手，還是筷子」，還會邀請各路專家來解說。「直接用手拿起來吃，醋飯比較不會散掉」、「用筷子夾著吃，比較不會影響配料的溫度」，用手或是用筷子，各有優缺點。儘管也有人提倡，「用筷子吃看起來比較有格調」，但若要我來說，我會毫不猶豫選擇直接用手吃。

當師傅將壽司捏好、放上壽司盛臺的瞬間，立刻直接用手拿起，並在三秒內一口吃下去。這樣的速度可以讓自己吃到最新鮮的食材，也是對師傅的手藝表示敬意的最佳表現。**直接用手拿起來吃，就是感受壽司師傅精湛技藝的最上等吃法**。所謂的老饕、美食家，也都會在三秒內一口吃下壽司。

壽司的配料（尤其海鮮類）一旦接觸到空氣，就會開始氧化、乾燥，甚至逐漸變質。快速將壽司吃下，才最能確保美味度。而為了防止食材劣化，壽司師傅都會用最快的手速捏製壽司，甚至可以說，師傅們因為握著食材的生命，所以他們都會賭上尊嚴，迅速捏出最美味的壽司。捏製一貫壽司約五秒，能達到這種速度，簡直可以說是神之手了。

據說要成為獨當一面的壽司師傅，通常要花費十年左右。一個師傅要花上這麼長的時間，才能學到這些技術，站上吧檯後也全心全力發揮自己苦練多年的成果，然而身為客人的我們卻慢條斯理，實在是太浪費了。

基本上，醋飯的量、捏製手法、配料尺寸等，壽司的一切都是經過精心計算，一口就能吃下所有美味，若是兩口以上才吃掉，醋飯及配料上都會留下咬痕，不僅會讓醋飯散掉、配料掉落，看起來也不雅觀。「但是直接用手拿起來吃，手指頭不也有可能黏到飯粒嗎？」這點不用擔心。通常店家除了會提供溼毛巾之外，還會提供另外一條折疊起來的擦手巾。每吃一貫壽司，就可以用這條小擦手巾清潔手指，就像西餐會提供一碗檸檬水（Finger Bowl）一樣。

如果你是與長輩或上級一起來壽司店，對方卻顧著說話，遲遲不開動品嘗壽司時，建議你可以抓住對方說話的空檔，趕緊補上一句「壽司要趁新鮮吃喔」，如此顯得自然又不失禮。不過，若你是與平輩、晚輩一起來壽司店，又或者你是被招待的一方，便無須多慮，率先開動也沒問題。

萬一你實在很想拍照，建議盡量拍一張就好。最重要的是，進店後記得先問「請問是否可以拍照？」先取得店家許可，才顯得你上道又有禮貌。

醋飯本身的調味就已足夠

說到壽司的調味，其實捏好的壽司，本身就已經是最佳調味的狀態了。雖然店家會提供醬油等調味料給顧客使用，但其實壽司師傅都是以「無須額外調味，直接吃掉最美味」的原則，捏製每一貫壽司，因此不額外使用其他醬料，才能品嘗到壽司真正的風味，也可以說是懂吃。

過度使用調味料，壽司師傅還會因此覺得，你是一個不懂品嘗味道的人。但我必須說，店家不會嚴格要求客人不能自行額外調味，喜歡重口味的人，可以放心沾醬油。但切記，**要用配料（生魚片）去沾，而不是醋飯**。用醋飯去沾醬油的話，醬油滲入飯中就會散掉。討厭芥末的人，當然也可以事先請師傅不要加芥末，不過，一流壽司名店所使用的芥末，都是用真正的山葵去磨製而成，這與一般市面上販售的軟管狀芥末可謂截然不同，美味程度簡直天差地別。

對於第一次去高級壽司店的人來說，若問什麼事最讓他們感到不可思議，多數會回答壽司臺（或稱壽司盛臺、壽司盤等）。

壽司臺通常會擺在位於壽司師傅，與客人距離正中間的位置，此時有些人會覺得壽司臺離自己很遠，但我建議最好不要輕易移動，因為那裡就是壽司臺的固定擺放位置。壽司師傅並不會刻意指責客人移動壽司臺，因為他們知道絕大多數的客人並沒有惡意。

師傅將捏製好的壽司放上壽司臺，客人再依照三秒原則快速吃掉壽司，這就是最理想的「互動」。我從師傅那裡聽說，曾經有客人穿著和服，瀟灑的走入店裡，徒手拿起兩、三貫壽司品嘗後又翩然離去，感覺真是大氣，彷彿回到江戶時代一般。

結帳時說「お愛想を」（oaisowo）很失禮？

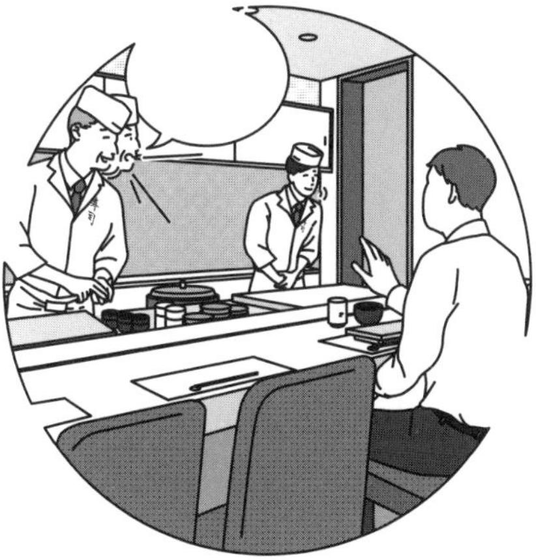

答案

沒錯。

原本是店家使用的自謙語。

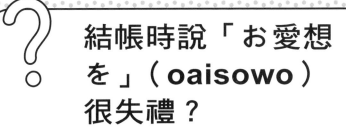

在日本，除了壽司店，在其他餐飲店中，有客人會在結帳時對店員說：「お愛想をお願いします」。**其實這句話原本是店家自謙詞**。意思是「本店要非常不討喜的向您收錢了，真是萬分不好意思」。店家對於向客人收錢這件事，採取非常低的姿態，是自謙到極致的表現。

用現代白話文來解釋的話，就是：「今日真是萬分感謝您光臨本店。您的到來已經讓本店萬分榮幸，本店卻還如此不討喜的要為您結帳，懇請您見諒。本店誠心誠意期待您的下次光臨，再度感謝您今日的光顧。」

看起來只有短短的幾個字，背後意義一點都不簡單。了解「お愛想」的真正涵義後，試想一下，身為客人卻向店家說這句話，這感覺不就像是客人也覺得「店家真的有夠不討喜，竟然要向我收錢」嗎？反而是客人失禮了。

人們光臨比較高級的餐廳時，會有「不想丟臉」、「就算外行也要裝內行」等心理，儘管能理解這種想要表現出「我很懂！我是內行人」的心情，但看在店家的眼裡，他們也很想跟客人說：「不需要使用行話術語也沒關係啦。」畢竟，明明是外行人卻硬要說內行話，看在真正的業界人士眼裡，反而是在自曝其短。

多用行話術語感覺比較內行，恰恰相反

本來只有店家才會說的業界用語（行話、術語），客人卻刻意使用的例子還滿多的。例如，茶說成「あがり」（AGARI）、醬油說成「むらさき」（MURASAKI）、薑片說成「ガリ」（GARI）、玉子燒說成「ギョク」（GYOKU）等。除非你本身就是業界人士那就另當別論，不然一般人其實不需要硬要這樣說。

這裡讓我分享一下我一位學員的故事吧。

六十多歲的U女士，經營一家與藝術事業相關的公司。她表示：「雖然我對於藝術方面的事瞭若指掌，但我卻不怎麼了解高級餐廳的用餐方式；我都這把年紀了，要是上高級餐廳卻表現得像個大外行的話，實在很丟臉，所以我很想要好好學習。」U女士似乎長期以來都抱持著一股自卑感，因此，我特地帶她去了一趟「銀座久兵衛」，來場實務訓練。

坐在吧檯座位的U女士問我：「千惠美老師，想要請師傅把醋飯捏小顆一點，該怎麼說才好？」「您直接說就可以了喔。」不管問幾次，我都如此回答，但U女士似

乎不滿意，一直低聲向我抱怨：「可是，在這種高級壽司店，直接跟師傅說『醋飯』好像顯得我很外行，他們一定會在背後偷笑我是個沒見識的鄉巴佬啦！」此時，師傅非常親切的對她說：「客人，醋飯就是醋飯，不用特地說『舍利』（SYARI）也沒關係喔。」當下我真的是由衷的感激師傅的貼心。

之後師傅也持續與我們談天。

U小姐：「但是，師傅！茶的話還是要說『あがり』比較好吧？」

師傅：「茶，就說『茶』就好囉。」

U小姐：「醬油呢？醬油是『むらさき』對吧？」

師傅：「醬油，就說『醬油』就好囉。」

U小姐：「那……壽司的『配料』（NETA）又該怎麼說呢？」

師傅：「就說魚就好啦！」

就這樣，一流名店的壽司師傅親口解開了U女士的心結。

想要裝內行所以故意說術語，結果反而更突顯自己的外行，這樣就一點都不瀟灑大氣了。希望大家謹記在心，別適得其反。

聊天也是在品嘗壽司

你很難找到其他像壽司店這般，客人與師傅距離如此近的餐廳。除了品嘗壽司美味，與師傅聊天也是吃壽司的樂趣。越是厲害的師傅就越明白聊天的重要。想要成為一流的壽司師傅，絕對要懂得以壽司為發想的諧音笑話。有些客人甚至是為了聽師傅的笑話，而特地來吃壽司呢。

我之前帶著學員，坐在銀座久兵衛的吧檯進行實務教學時，師傅說：「壽司就跟漫畫一樣，千萬不能只有『一貫』（一卷）（譯註：一貫與一卷的日文發音均為IKKAN）就結束啊！那樣不就太沒意思了嗎？」這話一出，讓在場所有學員都印象深刻，大家無不稱讚師傅的聊天技巧實在高超。回顧歷史，最喜歡握壽司的江戶人們，當時也很流行諧音笑話，且發想新的諧音或雙關語笑話，成了當時最熱門的消遣樂趣。話說回來，就連すし的漢字會選用「壽司」（寿司），也是源自於喜慶吉事的雙關呢。

如何讓師傅覺得我很懂吃？

壽司店的吧檯桌，可說是力行「減法美學」的最佳代表。桌面上完全沒有壽司以外的物品，即便現在有很多店可以開放拍照，但在拍完以後，也務必將**手機收在自己的背後與靠背椅墊之間**，因為吧檯桌都是用貴重的整片原木製作，千萬不能有損傷。

有時也會看到，明明難得坐在吧檯桌了，卻拿出資料夾及文件，邊吃壽司邊談生意。我必須說，那種人根本不配當什麼業務員！竟然選在壽司店談生意，實在荒謬至極。

大家千萬記得，去壽司店就是要享受壽司與聊天的樂趣，這才是壽司店的精神，也是身為客人應有的禮儀。

據壽司師傅們表示，對於初次來店的客人所提出的問題中，最讓他們感到訝異的居然是：「請問師傅有推薦的嗎？」或許你會想：「我這樣問，哪裡錯了嗎？」別急，看完接下來的說明，你就能理解。

壽司師傅在**進貨時**，基本上**只會準備他最推薦的食材**。也就是說只有他看得上眼、認可的好貨，才會進到店裡。因此當被客人問這種問題時，師傅往往只能困惑的回答：「本店的全部我都推薦……。」所以，我建議**換一種問法**：「**請問現在當季的食材是什麼？**」這樣問，會讓師傅知道你是一個重視節令的客人，對你的評價就會開始上升。

若你很想取悅師傅的話，最直接有效的方式就是，師傅遞給你的東西，全部都說好吃！但要發自內心、真誠的說好吃才行。

如果直接說出來會讓你害羞或尷尬，也不用硬要對著師傅說，跟同桌的人用正常的音量說「很好吃呢」、「真的好好吃」也可以。因為師傅其實都會默默注意客人的聲音，或許表面看起來沒有特別反應，但相信他一定都聽到了。

等你越來越習慣之後，則可以試著看著師傅的眼睛，對他說「這個很好吃耶」，或是「今天的壽司很美味」，直接表達自己的心情。身為客人的你，如此再三回訪這家店，你與師傅之間心的距離，也會越來越近。

回訪的次數越多、時間越長，漸漸就會變成該店的熟客。儘管成為一家店的熟客需要時間累積，但透過這樣的方式，來增加自己的熟店名單，也正是美食素養的本質，也是人生的醍醐味之一。

和食教養守則總整理

1. 和食禮儀是以武士道精神為基礎，並以家父長制為背景發展而成。
2. 和食的核心精神就是珍惜享用所有生命（食材）。
3. 非常重視季節感。
4. 不浪費，吃不完或吃不乾淨都很失禮。
5. 基本原則為以左為上位，右為下位。
6. 先捧碗再拿筷。
7. 不要一次進行兩個以上的動作，例如同時拿起碗和筷子。
8. 白飯擺左邊，味噌湯擺右邊。
9. 吃日式料理時，可以拿起所有器皿。
10. 千萬不要用手當碟子。

11. 全世界約有三〇%人口都在使用筷子（二十三億人）。
12. 只有日本在用餐時，可以都只拿筷子。
13. 一雙筷子就可滿足用餐時的所有需求，符合極簡精神。
14. 日本最早的筷子，是在彌生時代「將竹子對半折、有如鑷子狀」的東西。
15. 直到飛鳥時代，筷子才變得接近現代的模樣。
16. 撕破筷子封套，有斬斷緣分的負面意思。
17. 利用三步驟將筷子從筷架上拿起，最為優雅。
18. 拿筷子時，手指握住的位置在距離筷子尖端約三分之二處。
19. 平安時代就已經在使用懷紙。
20. 和食的三大節令為「初物」、「旬物」、「惜別」。
21. 生魚片拼盤要依由左至右、由近至遠品嘗。
22. 生魚片拼盤的魚類組成為從味淡至味濃。
23. 湯品料理是店家的顏面，而湯頭好壞會影響店家的口碑。
24. 打開碗蓋時，先停幾秒，等碗蓋中的水滴滴落。

25. 將碗蓋倒過來，內側朝上放在湯碗的外側。
26. 吃和食料理時，所有動作都要等上位者先動，才輪到自己。
27. 品嘗湯品料理時，第一口一定要先喝湯。
28. 茶碗蒸舊時是裝在像茶杯般的容器中，蒸好後用喝的。
29. 吃整條烤魚時，一定要用懷紙，記得先取下魚鰭。
30. 吃烤魚的順序為由左至右。
31. 吃完魚正面的肉之後，挑起魚骨，以不翻面的方式繼續吃背面的魚肉。
32. 懷石料理是從茶道衍生出來的料理。
33. 會席料理是以飲酒享樂為目的的下酒菜料理。
34. 現在會將懷石料理稱為茶懷石。
35. 最後才端出的味噌湯，又稱停酒碗，暗示「結束喝酒」。
36. 不可把醃漬醬菜放在白飯上，記住不要弄髒白米。
37. 壽司原本是保存食品，在江戶時代更像是速食。
38. 壽司美味的關鍵並非只有新鮮度，師傅的手藝與技巧更重要。

39. 一人份壽司為十貫，其由來為戰後配給制，一合米可以做出十貫壽司來販售。
40. 品嘗壽司的最佳方式為「直接用手、三秒內、一口吃掉」。
41. 結帳不要再說「お愛想」，那是店家專用自謙語。

2
章

西餐重社交，永遠是女士優先

相較於和食的不剩下是禮貌，西餐的故意不吃完反而是美德，刀叉尖端不可以向著人，更不可要求同桌女性倒酒。從使用紅酒杯的方式，可看出一個人的家教。

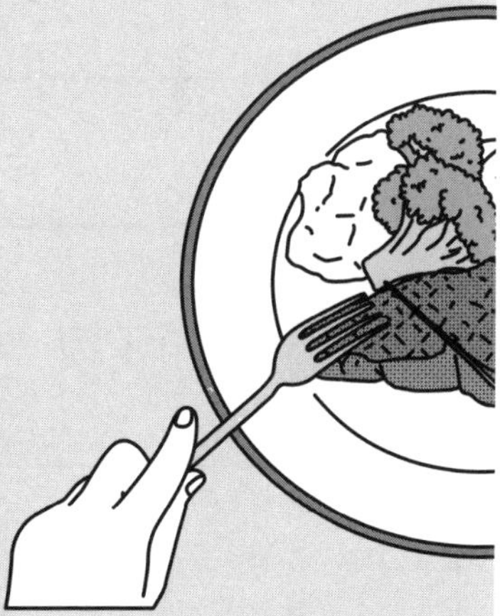

在正式宴席上，可以弄髒餐巾嗎？

答案

可以。

盡量利用餐巾才是禮貌。

進入西餐篇，首先我們來聊聊餐巾吧。我在序章中有提到，餐巾是和、洋、中三種飲食文化共同的餐桌禮儀，就讓我來告訴大家，正確使用餐巾究竟有多重要。

當你進入餐廳、準備就座時，你會看到桌面上擺著折疊起來的白色布製品，這就是餐巾；既不是餐巾紙，也不是用塑膠袋封裝起來的小紙巾。

想要吃得優雅美觀又符合禮儀，再也沒有比餐巾更便利、適合的道具了。雖然我將餐巾分類在西餐篇，但不管是和食、中餐，只要是坐在餐桌上用餐，一定會提供餐巾，目的是避免你在用餐時弄髒衣服，及擦拭沾到髒汙的嘴巴與手指。

我在和食篇有提過懷紙，曾經就有學員問我：「懷紙跟餐巾有什麼不一樣嗎？」當然不一樣，懷紙是紙製，餐巾是布製；餐巾可以重複使用，不管在用餐時反覆擦過多少次，餐巾本身並不會變成用過即丟的垃圾；懷紙的話，雖說只要將使用過後的懷紙放在桌上，服務人員就會收走，但是用量太大的話，堆在桌上也不太好看。有些人會把用過的懷紙塞進口袋，但總不可能無止境的一直塞。

況且，餐巾原本最重要的任務，就是蓋在膝蓋上，用以保護衣物，避免被食物弄髒。這項大範圍的防護功能，懷紙就無法比照辦理了。

用背面擦拭髒汙，避免被同桌人看見

接下來讓我們認識一下餐巾的使用方式。不用想得太複雜，其實非常簡單。將四角形的餐巾對折，折線處朝向自己（開口朝外），然後放在膝蓋上。如此餐巾的重心就會偏向自己，也就比較不容易滑落。

用餐時，若要擦拭嘴角或手指，要使用餐巾的背面，這樣才能將髒汙藏起來，避免直接讓人看見。若使用餐巾正面，會將髒汙處直接呈現給他人看，實在不太美觀，且萬一不小心碰到的話，弄髒的面積也會擴大。

記得，要用餐巾時就用背面。至於折法倒不需要想太多，依照對角線折成三角形，或是折起三分之一，依照你當下的狀況自行判斷就行。

萬一不小心掉在地上，就讓店裡的服務人員撿走即可。我想一定會有人抱怨，「可是餐巾超容易滑掉耶」，確實，依據服裝的材質不同，有時候餐巾真的很容易滑落，這種時候就可以改變餐巾的折疊方式。

用餐途中，若要離開座位時，可以將餐巾自然的放在椅子上；用餐結束後，將餐

巾隨意折疊，然後放在桌面，這有「因為**餐點太好吃**了，讓我無暇在意餐巾怎麼折」**的意思**，是對餐廳的一種讚美；反之，若是刻意將餐巾折疊得很整齊，則代表你並不滿意這家餐廳的料理或服務。

大部分的餐巾都用很不錯的材質製作，作工也相當精緻，因此我能理解有些人會不想弄髒它，但是，在吃西餐時，不時擦拭嘴角才符合禮儀。

使用餐巾的重點，除了要用背面擦拭油漬髒汙以外，還要注意掀開餐巾的時機。

當你進入西餐廳、服務人員為你帶位、你也就座了，那麼，什麼時候可以掀開餐巾呢？答案是，點完餐前酒之後就可以了。但是，如果是**商務應酬**的場合，絕對不能忘記**等上位者先動作**。

若是你比地位較高的人先掀開餐巾，會讓旁人感覺你很急著想趕快吃，甚至認為你是個不懂禮貌的貪吃鬼。

玻璃杯沾到口紅，要擦乾淨嗎？

答案

不要擦。

只看玻璃杯，就可以看出一個人的教養。

前面有提到，在西餐場合上，參加者會互相觀察、試探，並且評量對方的身分背景。

相信很多人會疑惑，「他們是從哪些地方判斷啊？」大方向的判斷基準之一，就是**使用玻璃杯的方式**，當中又最為重視用餐時，玻璃杯杯緣是否整潔。

歐美重視玻璃杯禮儀

「從使用玻璃杯的方式，可以看出一個人的教養」，這個觀念深植在西方人士的心裡，我也是從一位上流階級的貴婦口中得知。這就跟日本從用筷子方式，可以看出一個人的教養一樣。總是會有學員問我：「我可以理解透過用筷方式，看出一個人的教養或品行，但為什麼玻璃杯也可以？透過玻璃杯能看到什麼？」理由非常簡單，因為西方人非常重視一點：「不要讓在場的人（包括同桌賓客、餐廳裡的所有人）感到任何不愉快」。

你在西餐廳用餐時，曾經看過沾了口紅印的玻璃杯嗎？我想應該至少有看過一、兩次吧？不管是自己，或別人的玻璃杯，當你看到上面沾著口紅印時，你當下肯定會覺得那杯子髒了對吧。

千萬不要用手擦拭玻璃杯上的汙漬

用手擦掉玻璃杯上的髒汙，無疑是對「弄髒玻璃杯」火上加油。

試想一下，你的玻璃杯沾上了你的口紅印，而你用手指將口紅印擦掉，再拿餐巾來擦你的手指……這種散播細菌、散播髒汙的舉動，應該沒有人看了心裡會感覺舒服。而在日本的茶道中，是允許人們用手指擦拭茶器，甚至這方是正確的禮儀。但是，擦拭玻璃杯在西方人士看來就是不行。

用手指擦拭玻璃杯，這個行為看在某位法國貴婦眼裡簡直令人髮指。她表示：「你們對我來說是外國人，我可以勉強不計較，但若是本國人這樣做，我絕對不會再跟這種人見第二面！」讓法國貴婦氣成這樣，看來真的是個相當糟糕的舉動。

用手指擦拭玻璃杯是大忌，用餐巾紙或面紙擦掉也不行，這些行為對西方人士來說，都是很沒常識的行為。在西方禮儀規範中，非常嚴格要求「絕對不弄髒玻璃杯」這點。實際上，**西方人在使用玻璃杯之前，一定會用餐巾將嘴巴擦拭乾淨，如此就不會讓玻璃杯沾到汙漬**。

或許有人會覺得，「居然要弄髒這麼乾淨漂亮的餐巾」，而不敢使用，但無須如此。每一間餐廳都知道，餐巾就是會被弄髒，而客人用過的餐巾，則會交由專門業者清潔，因此你沒必要擔心或感到彆扭。

吃西餐時，如果你完全不拿餐巾擦手，反而會讓其他人解讀成，「你不願意使用這麼骯髒的餐巾」。正確心態應該是，「用餐巾清潔手指及嘴巴，就不會弄髒玻璃杯」。

觀察西方上流階級人士的餐會，他們在用餐時，都會不停擦拭嘴角；在他們的觀念裡，這代表知性與優雅。

除了刀叉的使用方式，還要注意什麼？

答案

姿勢。

駝背是大忌。

看到眼前一排刀叉，心繫餐桌禮儀的你，是否開始煩惱這些餐具的使用順序，而感到侷促不安呢？事實上，比起如何使用，旁人更加看重你的姿勢。

據說在重視社會階級的國家，至今仍然認為，從一個人用餐的姿勢，就能看出對方的階級。說得誇張一點，只要你在用餐中一直保持優雅端正的姿勢，即便你使用刀叉時出了點小差錯，也完全不會被扣分。

就算你拿錯了叉子（沙拉叉錯拿成主餐叉），但服務人員會適時補上新的；用餐時吃錯順序，但也不影響他人，更不會引起他人不悅。任何時候你都應該維持姿勢端正，不彎腰駝背，抬起視線、好好看著同桌人，而非低頭緊盯食物。用餐巾擦拭嘴角時，也要注意姿勢，千萬不要縮頭、聳肩、駝背，那會讓你看起來一點也不優雅。

我在序章時有提到，如何保持端正優雅的姿態，就是入座之後，身體與桌子之間，保持約一個拳頭的距離（六至九公分）。手可以放在膝蓋上，或者手腕靠在桌緣；坐著時不蹺腳，手肘也不要放到桌上。

接下來，我將繼續說明刀叉的使用方式。

因為一本書，從用手吃飯，改用刀叉

我在之前的章節提過，在西餐發展的歷史中，因其宗教背景認為，手指是神明賜給人類最優秀的工具，因此曾有過很長一段時期，上至王公貴族、下至平民百姓，大家都是直接用手吃飯。

那是從什麼時候開始，才演變成今日這般，使用刀叉呢？

刀子是最早出現在餐桌上的工具，比湯匙還早。十二世紀時，餐桌上都會放置一把用來分切大塊肉排的切肉刀；十五世紀後，開始流行吃飯時使用個人專屬刀子，當時若參加飯局，每位參加者都會帶上自己的專用刀，這風氣簡直就跟現代人自備環保筷一樣。而叉子則是過了較漫長的歲月，才出現在餐桌上。

十一世紀時，一位來自拜占庭的公主嫁入義大利威尼斯，她在婚宴用了可以叉取食物的叉子，這似乎就是叉子的歷史起源（叉子的起源眾說紛紜，此為其中之一）。但是這個時期的叉子並沒有因此普及。

如果大家有機會欣賞歐洲中世紀的畫作，不妨注意一下畫作中的餐桌，或用餐場景是否有叉子。我相信絕大多數的作品，都是餐桌上只有出現刀子。

到了十六世紀後期，來自義大利的凱薩琳與法國王室結婚，並間接促成《飲食禮儀的五十條守則》這本書問世，叉子才終於有機會出現在餐桌上。不過，當時的叉子模樣還很簡樸，用起來不太順手。真正普及到一般大眾的生活，已經是十七世紀之後的事情了。人們終於建立起了概念：叉子就是用來吃刀子分切完的肉排。並將叉子與刀子真正當成餐具（Cutlery）使用。

應該有很多人以為叉子與刀子是一起被發明、發展，但事實上可不是這樣。

拿刀叉對著人，會降低你的評價

尖銳的東西，可以成為凶器，因此絕對不能拿刀叉對著同桌人。

當然，現代幾乎不太可能會發生，「吃飯吃到一半，突然拿起餐具攻擊同桌其他人」的意外，但回想一下西餐的發展起源，當時那種時代氛圍會讓人繃緊神經、不敢鬆懈，會發生拿餐具攻擊同桌人的事情好像也是情有可原。

歐洲大陸是好幾個國家相連的廣大陸地，為了爭奪土地、國家利益，甚至是因為個人理念，總之，整個歐洲大陸戰火連天。我在前面章節也提過，當時的歷史背景是連吃個飯，都不能掉以輕心。

希望大家都把「不要將刀叉對著人」這件事放在心上。就算你不自覺的拿起刀叉對著人，還是極有可能造成對方的不悅。

當你**拿著刀叉對著他人**時，別人對你的**評價**可是會**下降**的。尤其是邊吃飯邊聊天時，特別容易不自覺的一邊說話，一邊揮動刀叉。請大家記住，若**暫時不會用到**的話，一定要**呈「八」字形放在盤子上**，這是鐵則。

有一位E學員曾經跟我分享一個經驗，「我之前受邀參加學校老師的婚禮。在典禮上聽到校長出色的致詞，當時心裡非常感動，但沒想到隨即幻滅……因為後來在婚宴用餐時，我看到校長一邊拿著刀子，一邊大聲向周圍的人高談闊論。想到您曾經指導我不可以拿刀叉對著人，而我看到校長那個樣子，只有感到滿滿的失望。」

我完全能夠理解E學員的心情，因為我也曾親眼目睹過好幾次這種光景。比如，在飯店餐廳喝下午茶時，可以看到店內有很多女性客人，她們很多都是一邊揮舞餐具一邊聊天，蛋糕叉、甜點叉、茶匙、抹醬塗刀等，只能說下午茶時間會用到的餐具，真的很多，要注意。

餐具也可以是尖銳武器。當你的腦中有認知到這件事，應該就會注意自己的舉止，避免失禮。

不要只會默默吃，要社交

西餐最重要的一環是社交。

吃西餐時，讓我們面帶笑容，享受聊天吧。若你煩惱不知道該聊些什麼，這種時候就不能不提到「裝飾盤」（show plate）。

裝飾盤，物如其名，就是**觀賞用的裝飾性盤子**；在享用套餐時，一定會擺放在餐桌上，供大家在上菜前的空檔欣賞。當開始上菜之後，照慣例，服務員就會將裝飾盤撤下。

這種裝飾盤的由來，是店家（或宴客主家）為了誇耀財力或地位，而特意擺置，因此又叫「展示盤」。它還有另一個功用，就是透過裝飾盤的位置，來規畫多名賓客入座的座位空間。據說管家（或餐廳服務生）會以公分為單位來測量餐桌，依據這桌的賓客人數，決定裝飾盤的擺放位置，這種做法可以一眼看清這一桌坐了幾個人，相當優秀。裝飾盤通常很精美，有些甚至會製作得非常豪奢，因此就算你只是普通的說一句：「這盤子好漂亮啊！」都能成為開啟話題的鑰匙。

在這裡我分享另外一位學員的經驗。

當時T學員完全不知道什麼是裝飾盤，人坐在餐廳裡，當服務人員開始上菜時，美麗的裝飾盤就被收走了。T學員看了誤以為，「莫非是因為我點的套餐價格太便宜嗎？」、「我是不是被瞧不起了啊？」還因此默默後悔。直到上了我的講座，T學員這才知道，「原來那盤子本來就會收走啊」，終於解開疑惑並釋懷。

看到T學員因為不明所以，而感到困惑不安的模樣，我再度堅信，唯有「知其然且知其所以然」，才能讓自己培養出真正的自信。

男生先入座？還是女生？

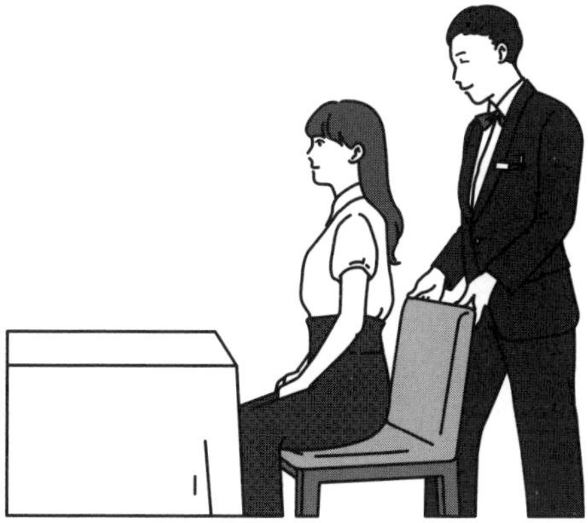

答案

女性。

Lady First，一切都讓女士優先。

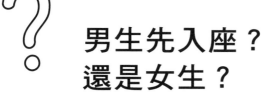

從抵達餐廳、走進店裡、入座，這時應該採取什麼樣的動作，才能讓自己顯得上道又紳士呢？

坐上座、先開動，都是女士優先

西餐文化自古以來深受騎士精神的影響，非常重視「女士優先」（Lady First）；因此任何場合（包括吃飯），一切以女性優先，就絕不會出錯。

一對男女進入餐廳時，負責開門的一定是男性，或是餐廳服務人員；與櫃臺確認訂位也是男性的任務。若是由服務人員（通常也是男性）帶位，則服務生走在最前方，女性跟在後面，同行男性跟在女性後面。這個行為代表男性將「護花使者」的任務，暫時交給服務人員。若是餐廳沒有接待人員，那麼男性就會擔任護花使者。

入座時當然也是女士優先，而女性入座的座位就是上座。另外，用餐時也是女性優先，這一點應該滿讓人吃驚的吧。在西餐中，女性必須先開動，在場的男性才可以跟著開動。

同樣的情境，若是在亞洲國家的話會怎麼樣？由於亞洲國家並沒有女性優先的文化，因此鮮少會有要讓女性先的概念，且基本以男性優先。前輩與後輩同時在場的話，則是前輩優先；全家人聚在一起的話，那就是長輩優先。

從左側入座，就不會撞到人

進入餐廳之後，有人總是很疑惑哪裡才是上座？各位只要記得，服務人員拉開的第一張椅子就是上座，這項原則和食、西餐皆適用。

若在西餐廳，餐廳服務人員拉開的第一張椅子是上座，必須讓女性入座；若是和食餐廳，則必須讓男性或身分地位較高的人入座。

千萬注意，萬一你坐錯座位的話，極有可能讓在場所有人都陷入漫長的尷尬氛圍之中。因為上菜順序都是從上座開始，而且用餐途中突然要求服務人員變更座位的上菜順序，實在是強人所難，不可不慎。

進到西餐廳之後，服務人員帶領到安排的座位，在你要坐下的那一瞬間，有個重點希望你務必小心，就是從椅子的左側入座；起身、離席則從椅子的右側離開。

雖然從右邊入座也不能說錯，不過普遍來說，從左側入座，是為了避免不小心撞到旁人，還有一說，則是因為過去會將刀劍配戴在腰部左側。

服務生倒酒時，不用刻意扶著酒杯

既然說到了女性優先的文化，還有一個重點不能忘。

在日本的餐敘場合，若眾人開始飲酒，「女性會為大家倒酒」則是不成文的規矩，但在西方文化裡，根本不可能讓女性來為大家倒酒。

我的學員W小姐，與我分享她剛成為社會人士時的一段回憶，「我參加公司的同事聚餐，然後我就跟平常一樣起身準備替男同事們倒酒，在場有一位從小就赴歐洲當留學生、長大才歸國就業的女同事，當時她非常激動的阻止我幫大家倒酒。」

誠如W小姐的這段經驗談，**在歐洲，一般女性都不會為大家倒酒**，因此，在西餐廳裡，不要讓同桌女性起身為大家倒酒，才是明智之舉。最理想的做法是，由服務生來為所有賓客倒酒。

一流餐廳的服務生都算得上是專業倒酒師，好好享受他們所提供的服務，也才稱得上是一流的客人。

從這樣的角度來看，在西餐廳裡，「客人彼此互相倒酒」其實是非常不得體的舉動。還有，當服務員要為你倒紅酒或香檳的時候，不用拿起酒杯，也無須用手扶著酒杯。

舀湯要由內往外，還是由外往內？

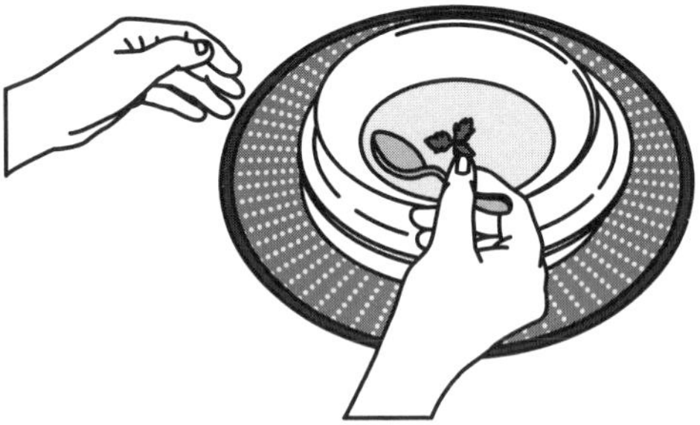

答案

兩種都可以！

但千萬別喝出聲，湯要用吃的，而不是喝的。

西餐套餐中的湯，它的起源據說可以追朔至紀元前。當人們學會製作陶器，就開始將食材與水放入陶器中煮食，這就是湯的原型。

到了古羅馬帝國時代，湯也很受到歡迎。進入中世紀之後，歐洲開始會喝肉湯（Bouillon，煮肉時的湯汁），到了十五世紀，濃湯（Potage）的原型也在這個時期登場。據說十四至十五世紀的時候，上流階級的餐桌上已經出現了湯匙的蹤跡（從古代遺跡中挖掘出形狀像湯匙的文物，但普遍認為僅被當成烹飪道具而非餐具）。

儘管上流階級的餐桌已經出現湯匙，但湯匙在當時仍屬高級品，一直要到十七至十八世紀後，才真正普及至一般庶民階層。而刀子、叉子、湯匙，這三個大家都非常熟悉的餐具，則是到了十九世紀時，才成套出現在餐桌上。

吃飯發出聲音，讓人討厭

那麼我們該怎麼喝湯，才能讓自己姿態優雅？

首先要記住，**不是喝湯，而是吃湯**。基本上，就是用不會發出聲音的啜飲方式來喝湯。在西方，用餐時發出聲響是很惹人厭的事。

或許有不少人疑惑：「為什麼不可以用吸的？」西方人對於「吸吮」的厭惡，幾乎可以說是生理反應了。舉例來說，西方人很討厭吸鼻涕。鼻子裡有鼻涕，就應該擤乾淨，即便是在人前擤鼻涕也都可以得到諒解；但是把鼻涕吸回去，就會讓人感覺非常不舒服。

我們在吃西餐時，要避免讓他人感到不舒服，因此千萬要記得，湯要用吃的，不要用喝的。我想還是會有不少人，無法跳脫這個既定觀念。這種時候，我會建議你在心裡告訴自己，湯也是食物，因為是食物，所以不要用吸的，而是把湯送進嘴裡再吞下去；當腦中建立起這個意識，你就不會吸湯（發出嘖嘖聲），而是吃湯。

當你覺得湯很燙，而「呼——呼——」吹氣的這個舉動，在西方人眼裡看來，是只有小孩子才會做的行為。若你覺得湯太燙，可以用湯匙背面在湯的表面上畫圓形，透過熱傳導讓湯降溫。

喝湯時，有兩種常見的舀湯方式：從自己的方向朝外舀（英式喝法）；從外朝自己的方向舀（法式喝法）。我個人認為，配合在場地位最高的上賓，照著做即可。畢竟比起舀湯的方向，更重要的是不要發出聲音，以及保持優雅的姿態使用湯匙。因為害怕把湯灑出來，結果上半身往前傾、臉部太靠近碗盤……這樣的舉動會惹人嫌，是扣分行為。記得喝湯時保持上半身端正，從容不迫的喝吧。

另外，享用湯品時，並不需要把湯喝得一滴不剩。我前面也提過，吃西餐時，碗底（盤底）有剩下一點點也沒關係。若是硬要將底部剩餘的一點點湯刮起來，就會發出「鏘鏘」的聲響，甚至還有可能刮傷容器。

偶爾我會看到有人用麵包沾底部剩餘的湯來吃，我能理解他是不想浪費湯汁，且沾了湯汁的麵包更好吃，在強調休閒風格的店，這樣做雖無傷大雅，但我認為此舉止仍不得體，有傷自己的格調。

可以將肉排全先切成小塊後再吃嗎？

答案

不可以。

切肉排時一次只切一塊，吃完再切下一塊。

接下來，來看看魚料理、肉料理又有什麼注意事項吧。

據說上了湯之後，會先端出魚料理，接著才是肉料理，這樣的套餐流程，大約是在十九世紀才定下來的。當時的魚料理不是分切好的魚塊，而是烹調一整條魚，然後裝在大盤子裡端上桌，再由服務人員切下並分給每個人。到了後來，才變成以魚塊為主流。據說魚肉的料理手法及醬汁，都跟著有了很大的變化。

另一方面，肉料理與狩獵這項活動有非常深的關係。

當時法國的王室貴族們，很盛行將捕獲的獵物交給廚師烹調，並在派對上與眾人分享。大塊的肉排料理裝在華麗的大盤子裡，並在會場上表演分切秀，分給在場的人一起享用，這在當時成為了一種傳統。

在派對宴會上上演分切秀，並與眾人共享料理的方式，與魚料理需由專人分切再分菜給眾人，兩者可說是大同小異。而肉料理也同樣隨著時代的變化，變成直接提供給每位客人已經切好的一人份肉排，這也成了日後西餐廳套餐主菜的固定模式。

從左切向右，切一塊吃一塊

現代西式套餐中的料理會使用哪些食材？又會使用哪些調理方式？讓我們來大略了解一下吧。

首先是魚類料理。通常會使用海水魚、淡水魚、甲殼類、貝類、海藻類、魚卵等，常見的調理方式為煎、烤、蒸、煮等。魚頭、魚刺都會去除，經過烹調後以容易入口的形式提供給客人，也會使用各種醬汁調味；肉類料理方面，食材有家畜（牛、豬、雞）、野味（鴨、鹿、兔、山豬等）。常見的烹調方式有煎烤、炙烤等。

不管是什麼種類的肉料理，肉汁都是最美味的精華。下刀切開之後，肉汁就會流出，要趁熱享用肉汁的美味，也是一大重點。

所有的魚類料理及肉類料理，享用時的原則都一樣，**一次切一塊、吃完一塊再切下一塊，由左往右切，這就是正確的吃法**。千萬別說什麼，「可是一直切很麻煩」這種話，我不推薦將眼前的肉排（或魚塊）全部先切成小塊，再慢慢享用。原因只有一個，當你在慢慢切的時候，料理都冷掉了，美味肉汁也流光了。

使用刀叉的重點提醒

讓我們也來看看使用刀叉的注意事項。

一般來說，刀叉的擺放位置會依照餐點順序，由外往內排列，**使用時就從最外側（離盤子最遠）開始拿**；魚料理有切魚專用的主餐刀、肉料理例如牛排，有專用的牛排刀，只要記得從最外圍的餐具開始使用，就不會出錯。而主盤上方擺的小餐具，則是用來吃甜點的。

一定要注意，使用餐具時，千萬不要發出聲響，這是西餐的鐵則。若是不知道為什麼就是會發出聲音的話，先停下來，檢視一下自己拿餐具的方式。

切肉排的時候，最容易製造出聲響。手握住刀柄，食指按在刀背上，握刀的姿勢正確，就能順利切開帶骨肉排而不發出聲音。刀子過度摩擦盤子的話，可能會造成盤子損傷，如果刀子不夠鋭利，立即請服務人員為你換一支吧。

用叉子叉起的料理要一口吃下，千萬不要因為一口吃不下，所以就小口小口慢慢吃。不論是切魚或切肉，每次都切一口大小的量，再用叉子叉起一口吃。

還有，刀子及叉子絕對不要對著旁人揮舞，這非常失禮（第一四九頁）。萬一餐具不小心掉到地上，也不要自己撿，讓服務生來幫忙就可以了。服務生都會注意餐廳內的各種狀況，只要對到眼神，不須多言，他們便會立刻為你送上新的乾淨餐具。

「可是特地麻煩服務人員幫我撿，感覺很不好意思耶！」客人特地彎下腰撿餐具，這對服務生而言才是大麻煩，此舉不僅會破壞餐廳整體優雅的氣氛，還會讓服務人員感覺，「我竟然讓客人做了多餘的事」，徒增尷尬又沒半點好處。

進到西餐廳，請拋開「凡事自己來」的原則，好好享受專業服務就好。即便到了現代，對西餐廳來說，「端正優雅的享用美食，談笑風生製造舒適的氣氛」，就是他們眼中最理想的客人。在西餐廳，不分男女，大家都可以像個王室貴族般好好享受。

可以先將奶油塗在麵包上嗎？

西餐會使用到很多餐具，除了刀叉，湯匙也是基本必備。

其中比較特別的，就是醬汁匙（Sauce Spoon）這是擁有「廚神」美名的一代名廚，保羅博古斯（Paul Bocuse）於一九七〇年代製作出來，專門用來品嘗醬汁的特殊湯匙。湯汁比較豐富的料理，或是淋上大量醬汁的魚料理，就會配備這種湯匙，不過，並沒有硬性規定客人必須使用。

若是用叉子就能好好享用的話，不用醬汁匙也沒關係，但是務必記住不要用手當碟子，西餐也一樣不歡迎這個舉動。

奶油抹刀也是常見的西餐餐具之一。將麵包撕成一口大小，再用抹刀抹上奶油之後品嘗，西餐及和食的原則都是「一口大小、一口吃下」，千萬不要撕很大一塊、小口小口慢慢咬。另外，**麵包一定要撕開再抹奶油**；沒有撕開就直接塗奶油的話，會讓別人覺得你很沒教養。

為什麼英式下午茶會有小黃瓜三明治？

答案

這是地位與財富的證明。

有錢人才吃得起新鮮小黃瓜。

除了法國及義大利的套餐料理，英式下午茶文化也已傳入亞洲國家。接下來就讓我們來聊聊英式下午茶的文化吧。

下午茶可說是現在飯店必備的餐廳服務之一，若是能了解關於下午茶的歷史小知識，相信一定能為你的下午茶時光更增添幾分樂趣。

很多人誤會下午茶就是沉浸在優雅的氣氛之中，想怎麼吃就怎麼吃，其實**下午茶也有專屬的吃法**。吃對下午茶，才能展現真正的名媛優雅。

據說是英國貴族、貝德福德公爵夫人安娜瑪麗亞（Anna Maria Russell）創造出了下午茶文化，說不定你也曾看過她的肖像畫。日本知名飲料品牌麒麟（Kirin Beverage），所製造生產的人氣飲料午後紅茶，其商標圖案上的女性，就是以安娜瑪麗亞為形象的貴婦。

像安娜瑪麗亞這樣的貴族夫人，在當時就像是「網紅」一般的存在。因此，安娜瑪麗亞與其他貴婦名媛好友一起共進歡樂的下午茶時光，很快就流傳至民間，掀起一波流行。

下午茶不只是吃甜點

當時，英國貴族們的飲食習慣，跟我們現代人有很大的不同。他們早上會吃名為英式早餐（English breakfast）的超豐盛早餐盤；中午通常都在外面，只會吃一些簡單的水果或麵包果腹。一直要到晚上看完歌劇或音樂會，在社交餐會上才會吃晚餐，那時通常已經是晚上八點左右。

換句話說，午餐過後一直到晚餐之前，大約有八個小時沒能好好吃東西，「這樣子身體根本耐不住餓啊！」正因為如此，在下午三點至五點之間吃一點蛋糕點心、三明治，再配上一壺好茶，這就成了下午茶（Afternoon Tea）。

剛開始流行起下午茶時，大都是貴婦人自己一人獨享；後來慢慢變成貴婦人邀請三五好友，在自宅接待廳舉辦茶會的形式。然而，英國從以前就是一個不停發生戰亂的國家，例如百年戰爭、玫瑰戰爭等，即便是貴族夫人們的茶會，也絕不是單純優雅的喝茶殺時間而已。

在茶會上，大家會彼此交換或打聽情報，例如「〇〇家好像決定繼承人人選了」

等消息；或是互相討論藝術議題，好藉此評斷對方的教養程度；甚至還會背地裡進行「身分階級資格戰」，給人打分數。當時，這種檯面下的激戰非常興盛，若你不懂時下最流行的下午茶正確吃法，你肯定會獲得非常低分。

貴族的下午茶桌椅要矮，平民相反

下午茶分兩種：Low Tea 與 High Tea。如何區分，看桌椅的高度。

王侯貴族享用下午茶的時候，會坐在較低矮的沙發上、茶點也會放在較低的茶几上，如此才顯現得出身為上流階級的悠閒與優雅，故稱之為 Low Tea；而一般平民百姓結束工作的時間，大約是下午五點到七點之間。當時的晚餐多在八點後才開飯，因此一般百姓在收工至晚餐前的這段時間，也會吃下午茶墊肚子。有別於上流階級的貴族們，一般百姓多是坐在家中的廚房或飯廳享用，因此桌椅高度都比沙發、茶几來得高，故稱之為 High Tea。

下午茶會出現的三層點心架，最下層會擺三明治類、中層則是司康類、上層則為甜點類；**吃的順序由下往上**。這樣做的道理很簡單，從較鹹的品項開始吃，最後才是充滿甜味的甜點，如此我們的味覺才不會產生疲勞或混亂，可以享受每一項茶點的美味。

另外，**先吃下一層**，然後**又吃回上一層**，這種跳來跳去的吃法，會讓別人覺得你**很孩子氣**（負面意義），最好注意。有些飯店或餐廳會倒過來擺放茶點，這種時候按照**三明治類↓司康類↓甜點類**的順序品嘗，就不會出錯。

話說回來，為什麼英式下午茶會使用這種三層點心架呢？其實只是為了有效利用小茶几有限的空間罷了。其實最一開始，也是以一盤一盤的形式上茶點給客人；但是每位賓客用餐的速度都不一樣，於是漸漸演變成利用這種層架，將茶點一口氣端上桌的模式，而這個方式相當受歡迎，於是就成了下午茶的固定形式。

現在你曉得這段歷史典故，下次當你與朋友一起享用下午茶時，又多了一個小知識可以分享給大家。

小黃瓜三明治，是在展現財力

還有一個典故，我覺得相當有趣，在此也介紹給大家。

凡是以「講究傳統」為賣點的飯店，幾乎都會在下午茶架的下層擺放小黃瓜三明治（Cucumber Sandwich）。應該有不少人會在心裡納悶，「為什麼是小黃瓜三明治啊？」滿懷期待的下午茶，結果其中一層居然是小黃瓜三明治，畢竟在亞洲，小黃瓜是一年四季都能買到、家家戶戶都非常熟悉的普通食材。

有趣的是，十九至二十世紀時的英國，當時的氣候條件非常不適合種植小黃瓜，因此小黃瓜成了超高級品。為了要吃到小黃瓜，貴族們必須在廣大領地中建設附有溫室設備的農場，特地費心來種植小黃瓜。用自家農場採收的小黃瓜做成小黃瓜三明治，並在茶會上提供給客人享用，不僅讓主人非常有面子，也是在展現自己的財力，暗示著「我可是擁有廣大的農場喔！」也就是說，小黃瓜三明治是財力的象徵。

知道這個典故之後，下次再看到小黃瓜三明治出現在點心架上時，應該就不會再那麼失望了吧。

拿茶杯的時候，手指可以穿過杯耳嗎？

答案

不可以。

用手指捏住杯耳，看起來才優雅。

英國號稱是「紅茶之國」，因此在下午茶時，茶會主辦人一定會端出紅茶來搭配茶點輕食。

當時的主流文化，是由主辦家的女主人為賓客倒紅茶，畢竟茶會的主要目的是社交；不管大家想喝幾杯，都是由女主人來倒。

現在在飯店或餐廳享用下午茶時，除了紅茶之外還有咖啡、果汁可以選，非常多元。不過，難得要享受英式下午茶的氛圍，我還是推薦選紅茶才速配。

說到下午茶的本質，就是參加茶會的成員此起彼落稱讚茶點、餐具等，對於主辦家的各種讚美，以說好話為開端，藉此加深彼此的交流。聊聊對餐點的感想、針對家具、餐具、裝飾品、花卉等各種細節都可以高談闊論；能在這樣的場合好好表現的人，會被認為擁有優秀的社交能力，這點到了現代也沒有改變。

品茶禮儀：欣賞並稱讚茶具

在喝下午茶時，你會看到桌上放著茶杯與杯盤，還有裝著紅茶的茶壺與熱水壺

（裡面只有熱水）。當茶壺裡的紅茶隨著時間變得越來越濃時，就可以利用熱水壺的熱水來稀釋。因此紅茶茶壺與熱水壺，可千萬別搞混。

或許你會很訝異，「紅茶需要稀釋再喝嗎？」但這是為了讓客人可以依照喜好，自由調整茶的濃淡。若是想要續杯，就請服務人員來倒茶才是禮貌，千萬不要自己拿起茶壺倒茶。

另外，英國製的英式茶壺，壺蓋裡面都有做一個緩衝的設計，就算單手拿起茶壺倒茶，壺蓋也不會掉落。如果倒茶時，用一隻手壓住壺蓋再倒茶，西方人看了會在心裡想：「這個人居然不知道壺蓋裡面有緩衝嗎？」這個舉動在他們的眼裡簡直不可思議。

最後，可別忘了茶杯與杯盤，也是下午茶的重要角色之一。在欣賞餐具的精緻之美（顏色、花紋、彩繪等）後，記得將心中的讚美說出口。若是你覺得很不習慣或者過去，客人對茶杯的稱讚，等同於對於主人家的直接稱讚。若是你覺得很不習慣或者害羞，甚至不知道該說什麼，其實簡單說句「這顏色很漂亮」，或「花紋看起來很棒」這類稱讚也可以。千萬不要沉默不語，一句話都不說可是很失禮的。

喝紅茶的時候，**左手拿著杯盤至胸口的位置，右手拿著茶杯**，這麼做不僅看起來姿態優雅，也能讓你的視線自然而然的欣賞茶杯。

拿取茶杯時，手指不穿過杯耳

拿茶杯的時候，手指頭穿過杯耳，這種拿法不能說錯，但看起來不優雅。正確拿法是：用拇指、食指、中指捏住杯耳、拿起茶杯。

經典刑事推理劇《相棒》的主角，由水谷豊所飾演的「杉下右京」，他在劇中登場的時候，就是用捏的方式拿著茶杯，手指頭沒有穿過杯耳。這樣的表現非常專業，完全符合該劇對於這個角色「曾赴倫敦留學」、「紅茶達人」的設定。不過，不習慣這種拿法的人，大都會感到手指頭很難出力。萬一沒拿穩、茶杯掉落的話可就不好了，建議可以先在家多多練習。

我在進行這個主題的講座時，學員們總是對正確拿法很吃驚。我也在講座中安排讓學員彼此錄影、互相觀察，幾乎所有人都表示：「這樣拿，真的看起來比較優雅！」換句話說，你的舉止能有多俐落從容，你的姿態就會有多美麗優雅。

就算你覺得好像快要拿不住了，也不要用另外一隻手來托住，這樣就會變成用兩手捧著茶杯。用英國人的角度來看，**雙手捧著茶杯**，代表你覺得紅茶是溫的（竟然不是熱紅茶），意味著你在**暗示茶會主辦人（或店家）失職**。我相信肯定有不少人會說：「我根本不知道有層意思，我不是故意要用兩手捧住茶杯的！」別擔心，從今天開始改善也完全不晚。

自古以來，人類不把心裡的感情及想法透過言語說出口，而是小心翼翼用行為舉止來表現、暗示，而這就成為了文化。

現代人因為注重效率，已經不太會像以前那

樣，透過行為舉止來各種明示暗示了。但也正因為如此，我認為更應該了解這些從以前就流傳下來的文化與做法。透過了解這些緣由，感覺自己重新認識了古人們心中那豐沛情感的微妙之處。

西餐教養守則總整理

1. 社交與危機意識才是重點。
2. 餐具也是一種尖銳物品，尤其刀子千萬不可對著人揮。
3. 吃不完、剩下來，代表自己生活無虞。
4. 女性不用幫大家倒酒。
5. 吃西餐時，可以拿起來的物品，僅限於有把手的東西。
6. 所有行動原則都是女士優先。
7. 帶位人員最先拉開的第一張椅子就是上座。女性先入座，男性方可入座。
8. 好好用餐巾才是禮貌。
9. 餐巾要使用背面。
10. 掀開餐巾的時機：點了餐前酒之後，或者等高位者先動作。

11. 餐具從最外側的開始使用。記得用餐時也要姿勢端正，嚴禁駝背。
12. 在歐美的世界裡，湯是吃的料理，不能喝出聲響。
13. 舀湯的方向有分英式與法式，配合主方習慣即可。
14. 用完刀子後，將刀子的刃面朝內。
15. 結束用餐時，將刀子與叉子平行放在盤子上。
16. 每一次喝飲品前，先用餐巾將嘴巴擦乾淨再喝。
17. 玻璃杯沾上髒汙，也不要用手擦拭。
18. 肉料理或魚料理，一次切一口大小就好，切忌先全部切成小塊再吃。
19. 英式下午茶的小黃瓜三明治，在當時是財力的證明。
20. 享用下午茶的順序為：下層（三明治）、中層（司康）、上層（甜點）。
21. 拿茶杯時，手指頭不要穿過杯耳，用三根手指捏住杯耳。

3
章

中餐講排場，邊吃邊聊是標配

太客氣反而失禮，不停乾杯，才是熱情款待。
不默默的吃，邊吃邊聊才是標配。

迴轉餐桌，要順時針還是逆時針？

答案

順時針。

迴轉餐桌要注意很多眉角。

經常有學員會問我：「中餐也有餐桌禮儀嗎？」確實，相較於西餐及和食，中餐給人的印象多是輕鬆隨興的風格。不過，這只是基於國情文化不同，故中餐的餐桌禮儀，當然也有不同的呈現方式。讓我們來了解一下中餐的餐桌禮儀吧。

中餐大致分為：**北京料理**、**廣東料理**、**四川料理**、**上海料理**。接下來就讓我來針對每一項做個簡單介紹。

北京料理是受到中國宮廷文化影響的料理類型，常見於北京、河北、山東、河南周邊，也就是中國北部、黃河流域一代。經常使用的食材有牛、羊、鴨、鵝、鯉魚、蔥、蒜、韭菜等，幾乎都是**下油加熱**的熱騰騰料理路線。不只熱量較高，使用較多的鹽、味噌或醬油等**濃郁調味**，也是**北京料理的特色**。代表菜色為北京烤鴨、青椒炒肉絲。

廣東料理是所有中餐當中最受歡迎的類型，由於廣東地區貿易興盛，因此也有受到西式料理的影響。在廣州、東江、潮州等地區最為發達的料理類型，皆統稱為廣東料理。食材種類非常多元，用少油低鹽的方式調理，口味較為清爽。常見的代表菜色有糖醋肉、八寶菜、燕窩、魚翅羹湯等。

四川料理以麻辣聞名，並使用大量辛香料，主要發展地區是位在長江上游的四川省，地處中國中央又是盆地，夏季炎熱、冬季寒冷。調理時會使用辣椒、薑、蒜、蔥、花椒等多種辛香料。常見代表菜色有麻婆豆腐、乾燒蝦仁、擔擔麵等。

上海料理的特色是很會活用山珍與海鮮。上海料理的盛行區域，位在長江中游及下游沿岸的上海、揚州、蘇州等地，以這些地區為中心向外擴展。由於是非常發達的港口城市，山珍海味應有盡有，料理的口味與形式都非常豐富精緻。常見的代表菜色有上海蟹、菜肉餛飩等。

離門口最遠是上座，那麼次席呢？

對於中餐來說，席次很重要。中華文化相當敬重長輩、高位階人士，尤其用餐時，所有服務都從上位先開始。

中餐廳裡的桌子，有分方桌及圓桌。不論哪一種，原則上**離出入口最遠的座位就是上座**；年長長輩、高位階的人才能坐，而離出入口最近的座位則是下座。

如果是左右有兩道門扉的包廂，當服務員上菜時，一定只會打開其中一邊的門扉（另一邊則保持關上）；這時，開啟的那一扇門會被視為出入口，而最靠近那裡的座位就是下座；若是可以欣賞風景的觀景包廂，最能盡收美景的最佳觀景座位，當然就是上座。

由於每間餐廳的特色及包廂種類都不一樣，如果你要招待重要的客人，建議最好事先跟店家確認好細節，才不會臨時出狀況。

依照席次，上座的人入座之後，接下來的第二重要人士、第三重要人士又該怎麼入座？答案是，**第二重要人士，要坐在上座的左邊，第三重要人士，則坐在上座的右邊**。會這麼坐的原因在於，以左為尊、以右為卑的觀念，而「南面之尊」這個詞，就是這個觀念的由來。

南面之尊，意思是「地位最高的人，面南而坐」。在中國，皇帝都是背對著不動的北極星、面向南方而坐，也就是坐北朝南。從皇帝的視角來看，太陽都是從左邊（東方）升起，再從右邊（西方）落下。因此，代表上升的東方與落下的西方，就成了「以左為尊、以右為卑」的由來。這個觀念於飛鳥時代傳入日本，日本官職的左大臣、右大臣，也是反應了這個思想。

想想日本的「雛人形」（按：日本在女兒節時所擺放的人形娃娃）的擺放位置應該就更能理解；「左大臣」（年長者）的地位，就比「右大臣」（年輕者）來得高。

我在第一章的時候也有提到，日本到現在仍遵循著「左上右下」的傳統。然而，中國隨著改朝換代與時代變遷，有時國家文化會突然一口氣大改變，例如唐朝是左上右下；秦朝、漢朝則是右上左下，根本完全顛倒過來了。畢竟中國如此地大物博，又經歷了多次改朝換代，文化樣貌也一直在改變，這或許也是其文化的特色吧。因此，在我的講座中，雖然我告訴學員中餐的席次以左為尊、以右為卑，但同時我也會說明，有些時候也會以右為尊、以左為卑。

最後我要強調的是，前面所述皆為東方文化的思維。如果是在西方，則是**以右為尊、以左為卑**（右邊是上位、左邊是下位）。

英文的右（right），亦有正確的意思，因此右邊代表上位，而隨著西方強盛，西方思維漸漸變成國際通用準則，在現代的國際禮儀中，右邊就是上位。奧運頒獎臺也是，金牌得主會站在正中間，右邊為銀牌得主，左邊則為銅牌得主。我想這應該是東

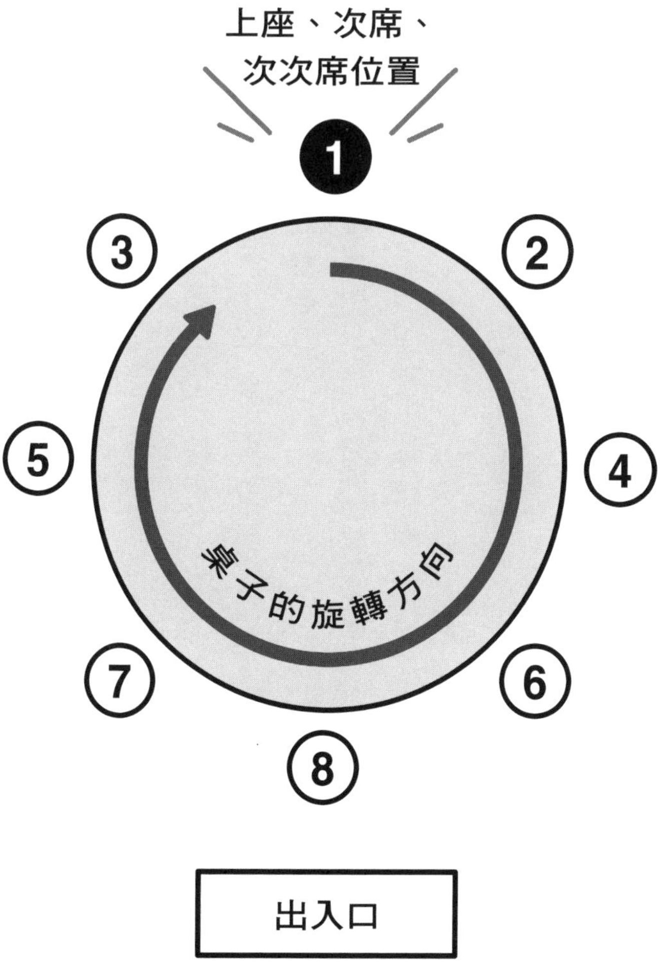
上座、次席、
次次席位置
1
3
2
5
4
桌子的旋轉方向
7
6
8
出入口

西方價值觀中，最不同的觀念吧。

中式餐桌的轉盤，源自於日本

吃套餐時，不論和食或西餐，上菜時都是一人一盤，但是中餐還有一種用大盤子盛裝菜餚，賓客們取菜至自己的小盤子中享用的方式，這種方式稱為合餐制；而一人一盤上菜的形式則稱為分餐制。

吃合餐時，用餐氣氛會顯得更加輕鬆歡樂。和食中也有眾人一起吃火鍋，這類類似合餐制的吃法。畢竟大家一起分享，透過快樂的用餐氣氛，也能加深彼此的交流。若是吃合餐，就算大盤子裡有剩下的菜餚，你也可以安心取用。

方桌、圓桌，這兩種都是正式的中式餐桌，不過，還有一種桌子更具代表性，那就是有附轉盤的迴轉餐桌。

方桌也好，圓桌也罷，中餐廳用的餐桌都非常精緻華麗。不只有精美的雕刻，有些還會使用金屬鑲嵌工藝及螺鈿工藝（貝殼裝飾工藝）；材質使用黑檀木或紫檀木加以研磨、上漆……種種講究的細節，讓餐桌就像是精緻華美的裝飾品，也擁有相當高的價值。

既然餐桌本身就是一種藝術品，主人通常也會抱著「希望讓客人好好鑑賞」的心情，故不會刻意鋪上桌巾。那麼，這種附轉盤的中式餐桌，是怎麼被發明出來的呢？其實它的由來，可能會讓你大吃一驚。

大家或許都以為迴轉餐桌，就是發源自中國，但其實它的發祥地是在日本東京的「目黑雅敘園」中餐廳（現為雅敘園東京飯店〔Hotel Gajoen Tokyo〕）。說到目黑雅敘園，它是一個結合結婚喜宴、飯店、餐廳等多功能的複合性設施，裡面配置了數不清的美術工藝品作為裝飾擺設，堪稱是極盡日本文化奢華之美的有名地點。

目黑雅敘園的創始者細川力藏，當時覺得客人坐在位子上，但是圓桌桌面太大，夾菜很不方便。為了讓每一位客人都能方便的輪流拿取桌面上的每一道菜餚，細川力藏因而開發出附有轉盤的中式餐桌。根據現存下來的紀錄顯示為一九三二年的事。

中餐大都以合餐制為主，人數越多，夾菜、分菜所需要的時間及手續也越多。店家若是為了服務每一位客人，而配置更多的服務員，那麼人事及時間成本也會增加；

接受大量服務的客人也可能需要付出小費，因此，細川力藏發明了附轉盤的迴轉餐桌，這樣就能讓客人利用轉盤來取菜，既不需要更多的人力，客人也能更方便的自由取用喜歡的菜餚。

換句話說，中式迴轉餐桌是出自於日本人的款待之心才被發明出來。後來這款餐桌成為日本中式餐廳必備桌子，然後又傳回中國，從此廣為流傳，也越來越普及。

不過，這段由來是基於當時有清楚記錄下來的文獻資料作為佐證，可說是目前最久遠的可信資料。但實際上，也有人提出「十八世紀初的英國，也有使用迴轉餐桌的紀錄」、「十九世紀時，美國有人提出迴轉餐桌的專利申請」等各種假說。

儘管如此，一般最廣泛的認知還是：「中式迴轉餐桌是由目黑雅敘園的創始者，細川力藏所發明，然後在日本及中國廣為流傳，成為中餐廳的必備基本款餐桌。」

旋轉方向要順時針

每次看到迴轉餐桌，你會不會很疑惑，究竟該往右轉？還是往左轉？答案是**順時**

針（右邊）轉。畢竟每個人都隨興亂轉的話，夾菜時就會混亂，因此原則就是往右邊轉。

但我必須強調，這是指原則上。若你附近正好有一道大家都夾得到的大盤菜餚，而對你來說往左轉比較近，此時請放心的往左轉。但一般而言，**必須等同桌人都夾完一輪後，才可以逆向轉盤**。還有一個重點，一定要等上座的賓客先動筷，其他人才可以開動。

當轉盤轉到自己面前時，就放心夾菜，此時若是猶豫不決、舉筷不定反而會造成別人的困擾，也顯得你很小家子氣。但也不要因為看到自己特別愛吃的菜，就夾了一大堆，別忘了菜的分量是依照人數而定，除了你，別人也要吃。

夾菜時不要把菜攪得亂七八糟、不要破壞擺盤、當別人正在夾菜時，不要移動轉盤。還有，夾完自己要吃的菜之後，千萬不要自己先開動，要等上座的客人動筷，其他人才能跟著開動。

只有三項東西可以放上轉盤

「我想知道有哪些東西可以放在轉盤上？」因為曾有學員問我，容我在此一併解答。可以放上轉盤的東西有三項：**菜餚**、**調味料**、**花藝裝飾**。菜餚、調味料，與花藝裝飾一起放上轉盤，大家分享美味料理的同時，也能賞心悅目。

有人會把調味料拿下來，放在自己手邊很久。為了避免造成他人困擾，用完調味料之後就趕快放回轉盤上吧。記住，站起來夾菜或拿調味料會被認為不雅觀，想要夾菜或拿調味料時，就轉到自己面前再取用。

那什麼東西不可以放上轉盤？酒瓶、個人用的菜碟、垃圾殘渣。

為什麼不可以放酒瓶？因為酒瓶瓶身比較高，放在轉盤上很容易翻倒。在比較平價、休閒的店，偶爾會看見店員直接把酒瓶放在轉盤上，但那是錯誤的做法。個人各自使用的菜碟，以及吃剩下的垃圾殘渣，這兩者的理由應該無須我多言吧。

迴轉餐桌，就像是同桌人共有的舞臺，因此只有賞心悅目的裝飾品、菜餚、調味料可以放上轉盤。

湯匙也有正確拿法，是真的嗎？

答案

是真的。

中式湯匙（調羹）的拿法與西式湯匙不同，小心別弄錯了。

中餐的出菜順序為前菜、主菜（肉類或魚類料理）、湯品、飯和麵、點心（甜點）。中餐和和食一樣，幾乎都是用筷子吃，不過，對日本人來說，湯品與麵類的吃法，可能跟想像中的有點不一樣。

中餐的湯品與麵類究竟該怎麼吃？讓我來告訴你吧。

中餐的湯品有兩種，一種是湯頭非常清澈的清湯，另一種是勾芡過的羹湯；不論合餐制或分餐制，湯品種類大概是這兩者之一。用湯匙舀起一口分量，喝下去時也不要發出聲響。

吃麵的時候，需要同時使用湯匙（調羹）及筷子。「可是和食從頭到尾都只需要用到筷子耶！」或許有些人會提出這樣的質疑，但是這就是中餐與和食之間的差異之處。

中餐的湯品、麵類等，都是裝在容器裡面，吃的時候不會捧起來，會捧起來的容器，只有茶杯（茶器）而已。

這樣吃麵、喝湯更優雅

「不捧起容器，要怎麼吃麵？」答案很簡單，**將湯匙當成承接用的碟子**即可。

在吃麵類這種湯湯水水的料理時，右手拿著筷子、左手拿著湯匙，先用筷子夾起麵條、放在湯匙上面、然後慢慢吃下；吃的時候注意不要讓湯汁噴濺、也不要發出噴聲響。吃麵時，不只筷子，湯匙的用法也有訣竅。吃麵條時當成碟子，要喝湯時就把湯匙換到右手拿，這樣喝湯才順手。炒麵類也是用這樣的方式來吃。

特別要注意一點，中餐與和食不一樣，吃麵時發出吸麵聲、麵條裝在湯匙上整個塞進嘴、喝湯時手上還拿著筷子，這些舉動都不可以。其中，最重要的重點就是不要發出聲音。

我在前面西餐篇也有提到，實際上，全世界除了日本之外，用餐時都不宜發出聲響，務必牢記。

你怎麼握湯匙？

最後，讓我們來認識一下調羹的正確拿法吧。

「誰不會拿啊？」其實有許多人都不知道湯匙的正確拿法。學會正確拿法，吃中餐時更順手，吃相也會更優雅。

湯匙的正確拿法，關鍵在於握柄彎曲、凹槽的地方（握柄處沒有彎曲的湯匙，只能算是簡易湯匙）。**食指放入凹槽中，拇指與中指在兩旁夾著輔助**，有點像捏著湯匙的感覺，然後稍微傾斜一點，將湯匙湊近嘴邊，再順勢將湯水送入口中。

我曾經有機會與一位真正上流階級、六十多歲的貴婦人一起用餐，當時我看到她這一連串流暢的動作，展現出自然且優雅的高貴舉止，令我折服。

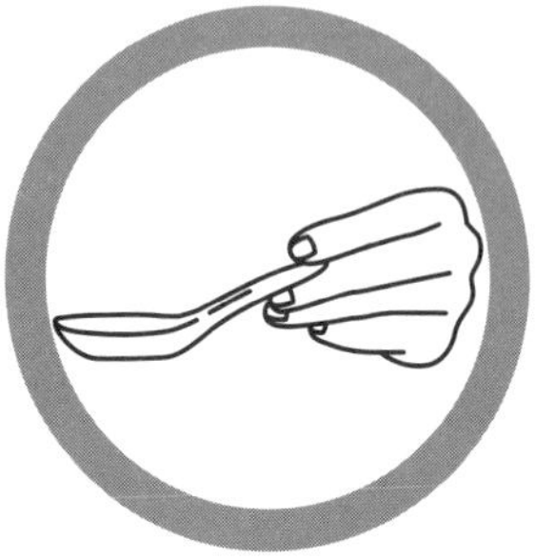

後來又有一次機會，我與另一位年輕華人女性見面用餐時，我用了正確的湯匙拿法並問她：「中式湯匙就是要這樣拿對吧？」原本我是希望能確認自己的拿法是否正確，沒想到她卻回我：「我還是第一次知道要這樣子拿呢！」看來這種拿法到了現代已經漸漸式微，不再廣為人知了。

用完湯匙，將湯匙直接放在碗中，或是放在菜碟上都沒有問題。

為什麼華人社會動不動就要乾杯？

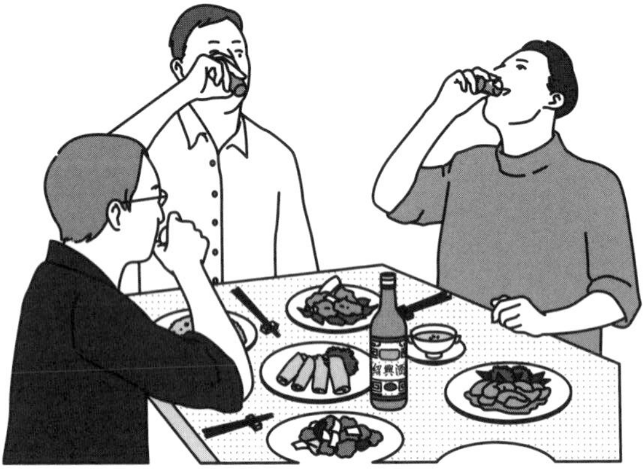

答案

代表熱情款待。

代表認同對方是與自己志同道合的夥伴。

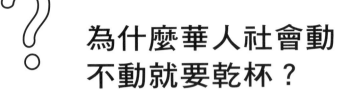

中式饗宴，展現主家的財力

在華人社會，宴席的目的是**為了展示自己所擁有的財力**，所以邀請方（主家）一定會準備大量的食物。而在宴席上，除了怎麼吃都吃不完的澎湃餐點，還有一個附加目的，就是「敞開心胸、真心交流，縮短彼此心的距離」，因此會不斷互相敬酒，代表認同彼此。

中餐風格的飲酒法，也算是在全世界獨樹一幟。吃西餐或和食，若你手邊有酒，通常可以照自己的步調來喝（只有餐宴一開始要一起舉杯，之後就隨個人自由，是否續杯也由自己決定）。但是在中餐中，酒不是一個人獨自默默喝的東西，邀請別人跟自己一起飲酒，才是正確的飲酒方式。例如拿著斟滿酒的酒杯，向主人或者邀請你來參加宴席的人敬酒：「謝謝您今天邀請我來！」、「真是謝謝您今天的招待！」一邊喝酒一邊傳達感謝之意。

說乾杯，基本上就是把手上的酒喝光。若你只喝半杯，或沒有一次喝完一整杯，代表你沒有敞開心扉。若你是完全無法飲酒的人，則可以帶一個能代替你喝酒的人，這種做法相當普遍。

一次次乾杯中，交流情感

每一次乾杯之後，都要秀一下喝到見底的酒杯，這也是為了確認彼此真的都乾了這杯酒。默默獨自飲酒不只是對主人家失禮，對其他參加這場宴席的客人來說也很不禮貌。

在宴席上，任何人拿著酒杯來與你敬酒、邀你喝一杯，都必須爽快答應，這也是不成文的規矩。只要你的酒杯是空的，就代表你可以乾杯的意思。

與不同的人互相乾杯，是中餐宴席的大前提，也因為如此，中餐使用的多是體積較小的小酒杯。透過這種「你敬我、我敬你、比酒量」，除了炒熱氣氛，也是在情感交流；所謂「醉翁之意不在酒」，用這樣的方式來經營社交、加深人際關係，這才是中餐的本質。

「可、可是，我真的不會喝酒……。」別擔心，這樣的人其實不少，就連我也因為體質關係，不能喝含有酒精的飲料。而不會喝酒的人，只要從一開始就明白婉拒，改喝茶也沒問題。

要拒絕就拒絕到底，不然會毀信用

在宴席上，不只要好好控制自己的食量及酒量，同時也要清楚的讓主人及周遭人明白你的婉拒。例如，如果每個人都不停找你乾杯，而你也真的每一杯都乾的話，絕對很快就會醉了。萬一你是個酒量不佳的人，這樣喝甚至有可能搞壞身體。重點是要對自己的酒量有自知之明，並好好掌握飲酒的主控權。

過去，有位非常了解中華文化的友人，給了我建議：「我跟妳說，如果妳受到華人企業的邀請，去參加他們主辦的餐會時，千萬別被那分量驚人的菜呀酒呀給嚇到。還有，喝酒時也要特別小心。妳的體質不是不能喝酒嘛，不管對方怎麼邀妳，妳一定要從一開始就婉拒到底。絕對不可以動搖，想說『喝一點點沒關係』、『如果是跟這群人，那可以喝』；只要妳有過一次例外，很快就會有傳言傳出去，到時候別人會說：『妳在那個場子破例喝了酒，那在我這邊的場子也能破例吧！否則就是不給我面子！』到頭來，反而會變成是妳這個人的信用問題。

「總之妳要記得，只要是中國人招待的餐宴，不會喝酒的人就一定要帶上一位可以代替自己喝酒的人。一定要一起敬酒、喝酒，才算是建立起信賴關係，這在中國是非常重要的事情。」

我的結論是，不論對方是哪裡的人，只要對方準備了餐食招待自己，那麼身為客人的我們就有必要去了解對方的背景，並且謹記，這就是對方的文化。

藥酒，華人社會獨有的利口酒

接下來，讓我來介紹中餐中常見的酒。雖然對大多數的日本人來說，提到中國就會想到紹興酒，但其實中國人並沒有很常喝它。中國酒的種類非常豐富，如果要細分的話，可是多到非常驚人，一般來說，大致可分為以下六種：

1. 黃酒

發酵酒的總稱，也是中國歷史最古老的酒。以盛產稻米農作的地區最為聞名，主要釀造原料為白米、糯米、黃米。經過長期釀造熟成的黃酒，也會被稱為陳年老酒，最具代表性的是紹興酒。

2. 白酒

蒸餾酒的總稱，別名又叫做燒酒、火酒等。

3. 藥酒

在黃酒、白酒、水果酒當中加進中藥材，強調滋補養身的酒。中國自古以來就很重視「藥食同源」的觀念（認為醫療與飲食的本質，都是為了促進身體健康），藥酒也是中國獨有的利口酒。

4. 水果酒

以水果為原料釀造出的酒，例如葡萄酒、蘋果酒，以及用白酒為基底，搭配果汁調和而成的酒之總稱。整體味道濃郁且帶甜味。常見的代表種類有紅酒、白酒。酒精濃度約一二％至一六％，甚至以下，適合當作餐前酒。

5. 啤酒

就是啤酒，著名的中國啤酒品牌有青島啤酒。

6. 洋酒

例如威士忌、白蘭地這類西洋的酒。

白茶，六種茶中最奢華

除了酒以外，也要提提中國茶。中國茶的種類細分起來，也是達數千種之多。

在過去，這些茶被認為是可以養身，有如補藥一般；但隨著時代演變，現在茶已經成為眾人日常皆可喝的飲料，非常普及。一般來說，大致可以分以下六大類：

1. 綠茶

中國產量最多、最常見的茶。日本綠茶是用蒸菁（按：利用鍋爐蒸氣將茶菁快速蒸熟，脫水焙乾，保留葉子鮮度及豐富的葉綠素和兒茶素）的方式，中國的則是炒菁，也就是沒有經過發酵的不發酵茶。

因此，中國綠茶散發著有如新鮮現摘的茶香。綠茶多會搭配玻璃茶具或蓋碗茶杯，是非常大眾的茶種。

2. 青茶

在分類上屬於「半發酵茶」，由於茶葉發酵程度的範圍很廣，因此茗茶的種類也很多。當中最具代表性的就是烏龍茶。

青茶非常受到歡迎，僅在臺灣部分地區，以及中國福建省、廣東省等地有生產。

其最大的魅力是它的香氣，甚至還因此有專門泡烏龍茶這類功夫茶的專屬茶具。

3. 白茶

白茶是輕度發酵茶，主要生產於福建省等地；由於產量稀少，是相當珍貴的茶。從九百多年前就有白茶，更是被當成貢品進獻給皇帝享用，是中國茶中奢華的代表。

4. 黃茶

非常罕見、很難取得的茶。比白茶的歷史更為古老，據說從唐朝就已經相關紀錄。與綠茶的味道相近，屬於微發酵茶，其茶湯顏色偏黃，故名為黃茶。

5. 紅茶

中國紅茶是經過完全發酵的全發酵茶。最初是中國福建省有生產，其根源可以追溯至十六世紀。但進入十九世紀之後，印度及英國開始大量生產紅茶，中國紅茶的存在感就逐漸淡化了。

6. 黑茶

在日本因具有減肥功效、被當成減肥茶而掀起熱潮的普洱茶，就是黑茶的一種。黑茶屬於在發酵製程中，有微生物參與的後發酵茶。常見型態有緊壓茶，例如茶餅、茶磚等，及散茶（茶葉）。其最大特徵是它獨特熟成的香氣與味道，也是香港日常生活中最常喝的茶。黑茶就跟葡萄酒一樣，被認為相當經典又有價值。

中式點心可以一口塞一個嗎？

答案

中式點心都是一口大小。

基本上是一口吞，點心也會做成一口大小。

中餐的套餐內容，有前菜、主菜（肉類或魚類料理）、湯品、飯類或麵類、點心（甜點），依序出菜。最後，讓我們來聊聊點心吧。

點心通常都會做得小巧精緻，上菜時每道都熱氣蒸騰，讓人看著覺得討喜，吃著心裡也歡喜。所謂的點心，原本指的就是非正餐期間用來充飢的小食、輕食，其中又可概分為鹹味與甜味。

鹹味點心比較接近輕食，例如水餃、煎餃、蒸餃、燒賣、小籠包、炸春捲、包子（通常是肉包）等。而在品嘗鹹味點心時，會搭配中國茶一起享用，這種習慣稱之為飲茶；甜味點心，就比較接近甜點，例如杏仁豆腐、珍珠奶茶、芒果布丁等。

無法一口吞的點心，一定要用筷子切成小塊

鹹味與甜味點心都有一個共同原則——一次就是一口大小。由於品項眾多，我以最難一口吞下的炸春捲為例子吧。

跟吃西餐的肉料理、魚料理一樣，不要全部都先切成小塊後再吃，而是一次切一

口大小，吃下去後再切下一塊。切的時候，小心不要把酥脆的外皮給弄得到處都是；用筷子輕輕壓住炸春捲、由上往下切，就可以切出一口大小的分量。

吃水餃時，用湯匙代替小碟子，再用筷子當輔助，夾著水餃送入口，這跟麵類吃法差不多（第一九七頁）。遇到實在沒辦法一口吞的品項，就裝在湯匙上，再用筷子切出一口分量後再吃。

熱騰騰的點心切開後，裡面還是很燙，一定要注意別燙傷了。和食會將每一道菜，控制在最適合直接吃的溫度才上菜，但中餐不同，它的特色，就是每一道上桌的時候，都是剛出爐般熱騰騰。若說和食的特色是纖細，那麼中餐或許可以說是狂野。

燒賣也是，若你實在無法一口吃下，那就切成適當大小後再品嘗吧。

小籠包的吃法跟水餃很像，都要放在湯匙吃。小籠包的正確吃法，是將一顆小籠包放在湯匙上，加上薑絲等提味用配料，雖然也可以直接送入口中，但我建議先用筷子，將湯匙中的小籠包稍微弄一個開口，讓裡面的湯汁流出來，然後可以先喝一點湯，再吞進口中。

肉包也是鹹點心的一種。不過點心的肉包不是我們常見的手掌大小，而是會再稍微小一點。裡面包的餡料主要有絞肉，有時也會使用叉燒肉。肉包可以用手拿著吃。或許有些人會很意外，其實就算是很講究、很正式的中餐廳，都是可以直接用手拿起肉包來吃。用手將包子撕成兩半，再撕成一口大小，就很方便食用。

吃北京烤鴨不掉餡

最後我要介紹的是，堪稱是高級中餐的代表——北京烤鴨。

只要說到北京烤鴨，想必大家都知道，就是整隻烤鴨只吃其酥脆外皮，如此奢侈的吃法，讓北京烤鴨成了奢華料理的最佳代言者。（在中餐中，北京烤鴨會被歸類為主菜。）

在薄如皮狀的薄餅中，包入烤鴨皮、小黃瓜、蔥絲，加上甜麵醬之後捲起來吃，這是最常見的北京烤鴨吃法。可以直接用手拿，也可以用筷子吃，隨個人喜好。只不過，我個人覺得用筷子夾，看起來比較有氣質。

烤鴨捲餅很難一口塞進去，也很難用筷子切成適當大小，因此難免會要咬好幾口，才能吃完一個烤鴨捲餅。而既然是捲餅，捲起來以後一定會有開口，因此咬的時候，要從開口的方向咬，餡料及醬汁才不會灑出來或掉出來。

如果手邊有小碟子的話，咬一口捲餅之後，把捲餅放在碟子上，等吞下去後再拿起來接著吃。咬下捲餅後，記得要**把有咬痕的那一面對著自己**，不要讓其他賓客看見自己的咬痕。能有這一份細膩貼心，才稱得上是高雅人士。

什麼都不懂，就以母國禮儀為準

以上就是中餐的介紹。

至此，本書已經針對日式、西式、中式的套餐料理，以及如何才能吃得優雅做了說明與介紹，各位覺得如何呢？

或許你還是會擔憂：「我沒把握可以把所有的餐桌禮儀都記起來……。」別擔心，你本來就不需要記下所有禮儀，除非你是禮儀專家，否則硬要背下所有禮儀做法是沒有意義的。與其硬記，不如先了解自己母國的禮儀慣例，還比較有意義。

先了解自己母國的禮儀之後，當你接觸到異國的新文化，且也**不知道該國文化禮儀時，先照自己母國的方式，就是最佳解答。**

母國的禮儀，就是母國歷史的累積。你越是重視且了解自己出生國家的文化，其他國家的人也會敬重你。

中餐教養守則總整理

1. 中餐背後的意思是款待與炫富。
2. 在接受款待時，客套反而很失禮。
3. 看見你的盤子空了會立刻為你加菜，吃不完可以剩下。
4. 眾人分享大盤菜是合餐制；一人一盤獨享是分餐制。
5. 中式與日式及西式不同，中式會提供剛出爐、熱騰騰的餐點。
6. 北京烤鴨和肉包可以用手拿著吃。
7. 中餐原則：除了茶具以外，其他容器不捧起來。
8. 以左為尊或以右為尊都可以。
9. 中式餐桌有如藝術品，值得好好欣賞，故不會鋪桌巾。
10. 迴轉餐桌是日本人發明的，原則上以順時針轉動。

11. 只有菜餚、調味料、花藝裝飾可以擺上轉盤。
12. 酒瓶、個人菜碟、垃圾殘渣不可放上轉盤。
13. 不停乾杯，是為了確認彼此是否打開心胸。
14. 大盤子裡的菜餚若有剩，可以自由取用。
15. 站起來夾菜非常失態！要坐在位子上，利用轉盤來取菜。
16. 茶有六大種類，其中以黃茶、白茶較為稀有。
17. 想要續杯茶或酒時，可以自己倒。
18. 合餐制時，使用過的盤子可以疊起來。
19. 享用湯品時，用湯匙舀起一口能喝下的量，並且不發出聲響。
20. 湯匙拿法：食指放在彎曲處，拇指及中指輔助般夾著，像是捏著湯匙的感覺。
21. 點心原則上是一口吞下。可以利用筷子及湯匙，將點心切成適當大小。

後記

學會餐桌禮儀，讓自己更自信

非常感謝各位閱讀到最後。

本書主旨是：「不是只有吃飯時才優雅，比餐桌禮儀，更重要的是內涵教養。」為此，我向各位介紹了和式、西式、中式料理的餐桌禮儀、做法以及由來與歷史文化背景。

每一個講究美姿美儀的禮儀的背後，一定都有其原因與理由。因此，我認為不需要死記硬背，只要了解該文化背後的歷史背景，再加以推敲，應該就可以知道怎麼做比較好。如果各位能認同這個觀念，我會非常高興。

我的禮儀講座學員之中，曾經有人與我分享了這段感言：「我想要讓我的人生有所成長，至今參加了非常多的課程與講座，但是都沒有效果。直到我開始向千惠美老師學習餐桌禮儀，我才終於感覺到我的生活產生了各種好的變化。我在**吃飯時**變得更**注意細節**，心態也因此變得穩定、細膩；到後來變成**面對生活中的大小事**，我都能**細心面對**。透過實際用餐、實戰演練來累積禮儀經驗，現在的我身處在嚮往的上流環境之中，我也能胸懷自信的好好表現。我也因此得到了更多、更好的人脈與機會，感覺我的人生獲得了真正的提升。」

這位學員是一位五十多歲的女性。除了她以外，還有其他學員也告訴我他們的心得，諸如「對自己的用餐模樣擁有自信之後，不管跟誰吃飯，都有信心展現出優雅的一面」、「我順利的廣結善緣，認識了很多很傑出的人」等。看到大家從裡到外都散發出美麗耀眼的光芒，我真的很開心。

有些人原本疲於工作、被家事纏身、忙到連照顧自己都做不到，但在學習了餐桌禮儀與教養之後，也能變得充滿自信。我幾乎每天都會看到我的學員，產生如此美妙的改變，每每都讓我充滿了感動與讚嘆。

學習禮儀，也就是學習為他人著想，同時也學會懂得更珍惜自己、讓自己的心靈變得更充實。一個體貼周到的人，自然會注重自己的儀態，營造出一個成熟大人的清潔感。

透過學習禮儀，讓自己的行為舉止更顯優雅得體，再進一步改變你的生活習慣，甚至是改變人生。最終你會變得更喜歡自己，也更加有自信。

教養，是讓人生可以往更高層級邁進的一種手段。在鍛鍊教養的這條路上，沒有終點；因為前方永遠會出現新的知識，唯有一直保持好奇心，才能找到方向與出路。

人每天都要吃飯，吃相可以說是最切身的問題。若能以改善用餐模樣為出發點，進而深度學習，就能發自內心的尋求更好的自己。而本書若能提供協助，將是我莫大的榮幸。

最後，我要特別感謝製作本書的橋口英惠小姐與山守麻衣小姐，真的太感謝兩位的大力協助，還有一直都很溫暖守護我的母親及丈夫、至今參加過講座的無數位學員們，我由衷的獻上最誠摯的感謝。

國家圖書館出版品預行編目（CIP）資料

商務人士必修用餐學：日式、西式、中式飯局的不失禮眉角，這些事等坐在對面的人明說，學費很貴。／松井千恵美著；黃怡菁譯. -- 初版. -- 臺北市：大是文化有限公司，2023.1
224 面；14.8×21 公分. --（Biz；414）
ISBN 978-626-7192-58-0（平裝）

1. CST：餐飲禮儀

532.82　　111016484

Biz 414

商務人士必修用餐學

日式、西式、中式飯局的不失禮眉角，這些事等坐在對面的人明說，學費很貴。

作　　者／松井千惠美
譯　　者／黃怡菁
責任編輯／林盈廷
校對編輯／江育瑄
美術編輯／林彥君
副 主 編／馬祥芬
副總編輯／顏惠君
總 編 輯／吳依瑋
發 行 人／徐仲秋
會計助理／李秀娟
會　　計／許鳳雪
版權主任／劉宗德
版權經理／郝麗珍
行銷企劃／徐千晴
行銷業務／李秀蕙
業務專員／馬絮盈、留婉茹
業務經理／林裕安
總 經 理／陳絜吾

出 版 者／大是文化有限公司
臺北市 100 衡陽路 7 號 8 樓
編輯部電話：（02）23757911
購書相關資訊請洽：（02）23757911 分機122
24小時讀者服務傳真：（02）23756999
讀者服務E-mail：dscsms28@gmail.com
郵政劃撥帳號：19983366　戶名：大是文化有限公司

法律顧問／永然聯合法律事務所
香港發行／豐達出版發行有限公司 Rich Publishing & Distribution Ltd
地址：香港柴灣永泰道 70 號柴灣工業城第 2 期 1805 室
Unit 1805, Ph. 2, Chai Wan Ind City, 70 Wing Tai Rd, Chai Wan, Hong Kong
電話：21726513　傳真：21724355
E-mail：cary@subseasy.com.hk

封面設計／林雯瑛
內頁排版／顏麟驊
印　　刷／鴻霖印刷傳媒股份有限公司

出版日期／2023 年 1 月初版
定　　價／新臺幣 390 元（缺頁或裝訂錯誤的書，請寄回更換）
I S B N／978-626-7192-58-0
電子書ISBN／9786267192566（PDF）
9786267192573（EPUB）